Wie Angela Merkel politisch handelt – Musterbeispiel Energiewende

Hans-Erich Kiehne

Bibliografische Information der Deutschen Nationalbibliothek
Die Deutsche Nationalbibliothek verzeichnet diese Publikation in der Deutschen
Nationalbibliografie; detaillierte bibliografische Daten sind im Internet über
http://dnb.dnb.de abrufbar.

Coverdesign, Herstellung und Verlag: BoD – Books on Demand
ISBN 978-3-7448-7216-4

Inhaltsverzeichnis

Vorwort: Zum Buch

Die Energiewende in Deutschland gehört zu den wichtigsten und einschneidendsten politischen Entscheidungen der Kanzlerschaft Angela Merkels. Es ist ihr Werk. Angela Merkel wird oft als eine Politikerin beschrieben, die zögert, abwägt, die die Folgen abschätzt, wenig Emotionen zeigt, sich abzusichern sucht und dann ihre Entscheidung trifft. Zu diesem Bild passt so gar nicht, wie schnell und radikal Angela Merkel in der Energiewende entschieden und sich durchgesetzt hat. Umso wichtiger – und interessanter – ist es, das Handlungsmuster von Angela Merkel in der Energiewende zu studieren und damit die Politikerin Angela Merkel besser zu verstehen. Es hat wenig mit dem Bild gemein, das die Öffentlichkeit gern von ihr zeichnet.

Das so erfolgreiche Handlungsmuster hat Angela Merkel gleichsam als Blaupause in entscheidenden Punkten auch bei der nächsten großen Herausforderung ihrer Kanzlerschaft angewandt, der Flüchtlingskrise. Mit Stolz verwies sie auf den von ihr durchgesetzten Atomausstieg, als sie am 31. August 2015 auf ihrer Sommerpressekonferenz ihre Willkommenskultur verkündete und erklärte „wir schaffen das". Doch mit ihrer Willkommenskultur scheiterte Angela Merkel, anders als bei der Energiewende, weil sie zwei notwendige Voraussetzungen für den Erfolg nicht meistern konnte: Die negativen Folgen ihrer Willkommenskultur wurden sehr schnell offenbar. Den von ihr angestrebten parteiübergreifenden Konsens konnte sie nicht erreichen.

Das Handlungsmuster von Angela Merkels in der Energiewende lässt sich nur auf dem Hintergrund verstehen, wie ihn insbesondere die vorhergehende Ausbreitung der „grünen" Ideologie und die hierdurch beeinflussten politischen Strömungen geprägt haben. Die Medien spielten eine herausragende Rolle. Am 11. März 2011 explodierten drei Reaktoren des Atomkraftwerks in Fukushima. Angela Merkel riss das Gesetz des Handelns an sich. Nicht einmal vier Monate später waren Atomausstieg und Energiewende beschlossen.

Das Buch gibt einen Abriss der politischen Strömungen und Entwicklungen bis zum Zeitpunkt der Atomkatastrophe in Fukushima und zeichnet im Einzelnen das folgende Geschehen nach. Dazu gehört auch das internationale Umfeld. Zentral ist das Handeln Angela Merkels. Eine genaue Analyse erschließt das Handlungsmuster einer meisterhaften Taktik und einer klaren Strategie bei allzu willigen Mitspielern. Den Abschluss bildet ein zusammenfassender Blick auf die Politikerin Angela Merkel.

Ein solches Buch hat auch den Kern der Energiewende und deren heute erreichten Stand kurz darzustellen. Es ist dies die Ersetzung der Kernenergie durch erneuerbare Energien. Aus dieser Grundkonzeption erschließen sich Umwälzung und Risiken, die die Energiewende für Deutschland gebracht hat. Es zeigt das Maß der Verantwortung derer, die die Energiewende beschlossen haben. Abgeschlossen ist die Energiewende noch nicht. Das Versprechen preisgünstiger Energie haben die sich immer höher schraubenden Strompreise bisher konterkariert. Die Sicherheit der Energieversorgung gewährleisten bisher noch die einwandfrei laufenden Atommeiler. Das Kapitel „Die harten Fakten der Energiewende" geht hierauf näher ein.

I. Die Energiewende

Am 28. Oktober 2010 hatte der deutsche Bundestag gegen den heftigen Widerstand der Opposition die Regellaufzeit für Atomkraftanlagen von 32 auf 40 Jahre verlängert. Die schwarz-gelbe Regierungskoalition erfüllte damit eines ihrer wesentlichen Wahlversprechen. CDU/CSU und FDP hatten die Laufzeitverlängerung im Bundestagswahlkampf 2009 zu einem ihrer maßgeblichen Wahlziele erhoben. Acht Monate später am 30. Juni 2011 beschloss derselbe Bundestag den Atomausstieg, indem er den 7 älteren Atomkraftwerken die Betriebserlaubnis entzog und für die verbliebenen 9 Atomkraftwerke die Regellaufzeit wieder auf 32 Jahre herabsetzte. Hiernach gehen die letzten Atomkraftwerke 2022 vom Netz. Dazwischen lag der Atomunfall von Fukushima am 11. März 2011.

Die Energiewende 2011 hatte nicht nur den Abschied von der Kernenergie zum Inhalt. Den Ausstieg aus der Kernenergie hatte die rot-grüne Regierung Schröder/Fischer schon 2001 beschlossen. Diese Entscheidung hatte die schwarz-gelbe Koalition 2010 unberührt gelassen. Sie hatte lediglich die Regellaufzeiten der Atommeiler auf die international übliche Untergrenze von 40 Jahren verlängert.

Das Entscheidende der Energiewende 2011 bestand darin, dass gleichzeitig die Ersetzung der Atomenergie vollständig durch erneuerbare Energien zum Ziel erhoben wurde. Der absolute Vorrang der erneuerbaren Energien macht den besonderen Kern der Energiewende aus. Die erneuerbaren Energien stellen nicht mehr eine Ergänzung oder einen Teil eines umfassenden Energiemixes dar, sondern wurden zum Kern der künftigen Energieversorgung erklärt. Das veränderte die Grundstruktur der Energieversorgung mit weitreichenden Auswirkungen auf Investitionen, Kosten und Sicherheit der Versorgung.

Kein Land hat eine derartige Konsequenz aus dem Atomunfall in Fukushima gezogen.

II. Die Ereignisse von Fukushima und die Reaktionen im In- und Ausland

1. Die Geschehensabläufe in Fukushima

Am 11. März 2011 riss ein Erbeben vor der japanischen Küste 130 km östlich von Fukushima die Erdkruste auf. Das Seebeben war mit einem Wert von 9,0 auf der Richterskala das stärkste in Japan registrierte Erdbeben. Es löste im Gebiet des Kernkraftwerks Fukushima heftige Bodenerschütterungen aus. Die aktiven Reaktorblöcke 1-3 schalteten daraufhin automatisch ab – die übrigen Blöcke 4-6 waren wegen Revisionsarbeiten außer Betrieb. Das Erdbeben ließ die Stromversorgung kurze Zeit später zusammenbrechen. Strommasten waren umgestürzt, Leitungen abgerissen. Der Ausfall der Stromversorgung schaltete automatisch die Notstromanlage der Reaktoren an.

Etwa eine Stunde später erreichte der durch das Seebeben ausgelöste Tsunami die japanische Küste. Mit Wellen von 14 Metern überspülte das Meer den Betonschutzwall des Kernkraftwerks von 5,7 Metern und überflutete die in den Kellern liegenden Notstromanlagen. Die Notstromversorgung brach zusammen. Das Unglück nahm seinen Lauf.

Infolge Ausfalls der Stromversorgung fiel die Kühlung der Brennstäbe aus. Die Brennstäbe erhitzten sich. Es entwickelten sich Temperaturen von über 1 000 Grad Celsius. Das Kühlwasser verdampfte. Es folgten Wasserstoffexplosionen. Große Teile der äußeren Gebäudehüllen zerbarsten. Radioaktivität wurde freigesetzt. Diese trugen die vorherrschenden Seewinde auf das Meer. Als der Wind umschlug, verseuchte er eine rund 100 qkm große Fläche. Menschen wurden nicht betroffen. Die Behörden hatten schon vorher ein Gebiet in einem Umkreis von 20 km evakuiert.

Wie der Bericht der UNO vom Herbst 2013 festgestellt hat, hat insbesondere infolge der schnellen Evakuierung der Atomunfall von Fukushima keine strahlungsbedingten Todesfälle verursacht. Auch ist kein Ansteigen der Krebsfälle zu erwarten. Geblieben sind die radioaktiven Abwässer, die die weiter erforderliche Kühlung der zerstörten Reaktoren 1-3 bedingt. Das Problem, diese kontaminierten Wasser zu dekontaminieren, ist noch nicht gelöst. Auch die Absicherung des Grundwassers bedarf noch einer endgültigen Lösung.

2. Die politischen Reaktionen in Deutschland

Auf der Lagebesprechung im Bundeskanzleramt am 12. März 2011, einem Tag nach dem Reaktorunfall, erklärte Angela Merkel: "Das war`s" (Spiegel 14/2011). Auf der Pressekonferenz am selben Tag äußerte sich Merkel jedoch noch zurückhaltend. Auf der Pressekonferenz zwei Tage später am 14. März 2011 verkündete sie erste Konsequenzen:

Im Lichte der Erkenntnisse aus Japan würden alle deutschen Kernkraftwerke einer umfassenden Sicherheitsprüfung ohne Tabus unterzogen. „Genau aus diesem Grunde werden wir die erst kürzlich beschlossene Verlängerung der deutschen Kernkraftwerke aussetzen. Dies ist ein Moratorium. Dieses Moratorium gilt für drei Monate".

Am 15. März 2011 beschlossen Bunderegierung und die Ministerpräsidenten der betroffenen Länder (alle CDU/CSU), die sieben ältesten Kernkraftwerke für drei Monate vom Netz zu nehmen. Das Moratorium stützten sie auf § 19 Abs. 3 Atomgesetz. Nach dieser Bestimmung ist die Atomaufsicht verpflichtet, zur Abwehr drohender Gefahren Anlagen stillzulegen. Eine derartige Gefahrenlage hatte jedoch nicht existiert, wie auch der Hessische Verwaltungsgerichtshof später festgestellt hat (rechtskräftiges Urteil vom 27. Februar 2013 in Sachen Kernkraftwerk Biblis B). Das verfügte Moratorium war daher rechtswidrig.

In ihrer Regierungserklärung zwei Tage später am 17. März 2011 legte Angela Merkel ihre politische Linie dar:
Vorgänge wie in Fukushima seien in einem so hoch entwickelten Land wie in Japan absolut unwahrscheinlich gewesen. Nachdem das für unmöglich

gehaltene Realität geworden sei, müsse die Sicherheit der Kernenergie von Grund auf neu bewertet werden. Das Moratorium sei der Ausdruck äußerster Vorsorge. Die Regierung werde, auch unter Einbeziehung aller gesellschaftlichen Gruppen, die Zeit des Moratoriums dazu benutzen, „um die Energiewende voranzutreiben und, wo immer möglich, zu beschleunigen". „Wenn jetzt die Sicherheit der Kernenergie neu bewertet wird und möglicherweise Anlagen schneller vom Netz zu nehmen sind, dann müssen wir auch schneller zu einem System der Energieversorgung auf der Grundlage erneuerbarer Energien kommen".

Zwei Kommissionen wurden beauftragt, die Konsequenzen aus dem Fukushima Unfall zu untersuchen:

(a) die Reaktorsicherheitskommission (RSK) (am 17. März 2011), eine seit 1958 bestehende Expertenkommission zur Beratung der Bundesregierung. Die RSK hatte die Aufgabe, die Sicherheit der deutschen Kernkraftwerke im Lichte der Fukushima Katastrophe zu prüfen.

(b) die Ethik-Kommission (am 22. März 2011).

Die Einsetzung der Ethik-Kommission – eine bisher in der Politik unbekannte Kommissionsform - begründete Angela Merkel auf der Pressekonferenz am 22. März 2011:

Die Prüfung der sicherheitstechnischen Aspekte reiche nicht aus, vielmehr sei eine „gesellschaftliche Betrachtungsweise des Umgangs mit Risiken und mit bestimmten Konstellationen" geboten. Deshalb werde eine Ethik-Kommission für sichere Energieversorgung eingesetzt mit der Aufgabe, „Risiken zu bewerten und einzuordnen. Das heißt, sie wird sich auf der einen Seite mit den Fragen der Sicherheit der Kernenergie beschäftigen, auf der andern Seite auch mit der Schlüssigkeit der Frage: Wie kann ich den Ausstieg mit Augenmaß so vollziehen, dass der Übergang in das Zeitalter der erneuerbaren Energien ein praktikabler, ein vernünftiger ist".

In die Kommission wurden 17 Mitglieder berufen. Diese setzten sich im Wesentlichen zusammen aus prominenten Wissenschaftlern (Forschung, Technologie, Philosophie, Risikoforschung, Soziologie, Politik- und Wirtschaftswissenschaften), weiter aus hochrangigen Vertretern der katholischen und der evangelischen Kirche sowie aus ehemaligen Bundesumwelt- und Bundesbildungsministern. Gerade zwei Mitglieder entstammten den Bereichen der Wirtschaft (Jürgen Hambrecht, Vorstandsvorsitzender der BASF, und Michael Vassiliadis, Vorsitzender der IG Bergbau, Chemie, Energie). Die Energiewirtschaft war weder von Seiten der Wissenschaft und Technologie noch durch Vertreter von Unternehmen vertreten. Die Zusammensetzung der Kommission war somit entscheidend auf die grundsätzliche Frage der Neubewertung der Atomenergie ausgerichtet. Auswahlkriterium dürfte überwiegend die grundsätzliche Einstellung der Mitglieder zur Atomenergie gewesen sein.

Die RSK legte ihren Bericht am 14. Mai 2011 vor. Sie kam zu dem Ergebnis, dass Ereignisabläufe wie in Fukushima für die deutschen Kernkraftwerke ausgeschlossen sind. Die RSK bescheinigte den deutschen Kernkraftwerken ausgesprochene Robustheit in ihrer sicherheitsmäßigen Auslegung, unabhängig von Alter, Bauart und Generation der Anlagen.

Die Ethik-Kommission hat ihren Bericht am 30. Mai 2011 vorgelegt. Der erste Satz des Berichts enthält das Ergebnis:
„Die Ethik-Kommission ist der festen Überzeugung, dass der Ausstieg aus der Nutzung der Kernenergie innerhalb eines Jahrzehnts mittels der hier vorgestellten Maßnahmen zur Energiewende abgeschlossen werden kann".

Die erste zentrale Aufgabe der Kommission war die Neubewertung der Risiken der Atomenergie, also die „ethische" Frage. Sie löste sie auf eine verblüffende Weise.

Die Kommission sah zwei grundsätzliche Positionen der Risikobeurteilung. Die „kategoriale" Beurteilung lehnt jede Nutzung der Kernenergie wegen deren immanenten Restrisikos ab. Für die „relativierende Risikoabwägung" ist es Aufgabe eines Willensbildungsprozesses in der Politik, die Chancen und Risiken der Kernenergie mit denen der alternativen Erzeugungsarten abzuwägen. Die Kommission fährt dann fort (4.3 a.E.): „Wenn man diese Abwägung im Kontext der heutigen Situation in Deutschland vornimmt, lässt sich nachvollziehbar begründen, dass Atomkraftwerke durch risikoärmere Methoden der Energieerzeugung ersetzt werden können und dann auch konsequenterweise sollten". Damit gelangten „in praktischer Hinsicht" beide in der Kommission vertretene Grundpositionen zu dem gleichen Schluss, die Nutzung der Atomkraftwerke möglichst zügig zu beenden (4.4).

Mit dieser „Schlussfolgerung" konterkarierte die Kommission die auch von ihr anerkannte „relativierende Risikoabwägung" – im Übrigen die weltweit herrschende Position. Bei der „relativierenden Risikoabwägung" ist es Sache des politischen Willensbildungsprozesses, die Risiken der Kernenergie zu bewerten und über die Atompolitik des Landes zu entscheiden. Das bedeutet in seiner Konsequenz, dass nicht eine wie auch immer geartete Ethik-Kommission, sondern allein die politischen Instanzen verbindlich eine etwaige

Neubewertung der Risiken der Kernenergie vornehmen dürfen.

Die Vertreter der „relativierenden Risikoabwägung hätten daher ablehnen müssen, eine eigene Risikoabwägung durchzuführen. Stattdessen nahmen sie selbst in apodiktischer Form eine eigene Beurteilung im Sinn eines möglichst schnellen Atomausstieges vor.

In weiteren länglichen Ausführungen legte anschließend die Kommission dar, wie der Atomaussieg und die Ersetzung der Kernenergie durch erneuerbare Energien in den nächsten 10 Jahren ökologisch, wirtschaftlich und sozial verträglich gestaltet werden können.

Auf der Pressekonferenz am 30. Mai 2011, also an demselben Tag, an dem die Ethik-Kommission ihren Bericht gerade vorgelegt hatte, verkündete Angela Merkel den Beschluss der Koalition über den Ausstieg aus der Kernenergie bis 2022. Die Ergebnisse der Ethik Kommission bezeichnete sie dabei als „so etwas wie die Richtschnur" für das regierungsseitige Handeln. Der grundsätzlichen Zustimmung der Opposition konnte sich Angela Merkel sicher sein, übernahm sie doch deren Politik. Die Ergebnisse der RSK, die diese am 14. Mai vorgelegt hatte, spielten auf der Pressekonferenz keine Rolle.

Nach intensiven Verhandlungen mit den Ländern und der Opposition beschloss die Bundesregierung schon am 6. Juni 2011 die Ausstiegsgesetze. Am 9. Juni 2011 wurden sie im Bundestag in erster Lesung debattiert. Am 30. Juni 2011 beschloss der Bundestag mit einer Mehrheit von 513 Abgeordneten gegen 79 Stimmen den Ausstieg aus der Kernenergie:

Die vorläufig stillgelegten älteren Anlagen waren endgültig vom Netz zu nehmen, die übrigen 9 Anlagen sind zu festgelegten Daten bis längstens 2022 stillzulegen.

Es war derselbe Bundestag, der nur acht Monate zuvor die Verlängerung der Laufzeiten beschlossen hatte. Aus den Reihen der Regierungsparteien stimmten gerade fünf Abgeordnete der CDU/CSU und zwei Abgeordnete der FDP gegen das Gesetz. Der Hauptteil der Gegenstimmen (70) entstammte dem Lager der LINKEN. Sie hatten eine grundgesetzliche Absicherung des Atomausstiegs gefordert.

Der Bundesrat stimmte am 8. Juli 2011 zu.

Die Energiewende war Gesetz.

3. Der Atomausstieg im internationalen Umfeld

Die Atompolitik der Bundesrepublik ist im Kreis der führenden Industrienationen singulär.

Die Katastrophe von Fukushima hat viele Staaten veranlasst, ihre Atompolitik zu überprüfen. Die meisten Staaten sind zu dem Ergebnis gekommen, ihre bisherige Politik fortzusetzen, im Einzelfall sie einzuschränken. Lediglich einige kleinere Staaten entschieden sich, längerfristig aus der Atomenergie auszusteigen.

Die führenden Industriestaaten akzeptieren die Atomkraft in einem Energiemix, wobei der Ausbau der erneuerbaren Energie eine immer stärkere Rolle spielt. Hierzu gehören in Europa England und Frankreich. England plant den Bau zweier neuer Reaktoren. Frankreich beabsichtigt lediglich, sich von seiner bisherigen hohen Abhängigkeit vom Atomstrom zu lösen. Dessen Anteil von bisher 75 % soll zurückgehen. Spanien hat ein Moratorium für den Bau neuer Kernkraftwerke beschlossen. Dessen Durchführung ist aber offen. Einzig Italien hat von den größeren Staaten Europas von Anfang an auf Kernkraft verzichtet.

Die führenden Industriesaaten außerhalb Europas verfolgen zum Teil eine aktive Atompolitik, so China, Indien und Russland. Diese drei Staaten planen einen erheblichen Ausbau ihrer bestehenden Kapazitäten. Japan fährt seine nach der Katastrophe von Fukushima stillgelegten Kernkraftwerke Schritt für Schritt wieder an, soweit sie nicht endgültig still gelegt werden. Die USA mit dem weltweit höchsten Bestand an Reaktoren (100) bauen ihre Kapazitäten abhängig von Bedarf und Wirtschaftlichkeit weiter aus. Kanada steht einem weiteren Ausbau seiner Kernkraft offen gegenüber, sofern dies wirtschaftlich vertretbar erscheint.

Die kleineren Staaten in Europa bieten ein unterschiedliches Bild. Offen stehen der Atomenergie Schweden und Finnland gegenüber. Schweden hatte 1980 den längerfristigen Ausstieg aus der Kernenergie beschlossen, diese Entscheidung jedoch 2010 wieder aufgehoben und den Neubau von Kernkraftwerken anstelle stillgelegter Anlagen zugelassen. Zu den Staaten, die die Atomenergie ablehnen, gehören die durch erneuerbare Energien begünstigten Länder Dänemark und Österreich. Belgien hat den Atomausstieg beschlossen, seine Kraftwerke bleiben bis zum Ende der Regellaufzeit in Betrieb Die Schweiz strebt einen langfristigen Ausstieg aus der Atomenergie an. Neue Reaktoren werden nicht mehr genehmigt. Die bestehenden Anlagen werden nach ihrer jeweiligen „sicherheitstechnischen" Laufzeit vom Netz genommen. In den osteuropäischen Ländern befinden sich verschiedene aus sowjetischer Zeit stammende Kernkraftwerke. Sie werden teils weiter betrieben, teil sind sie stillgelegt. Einige Staaten planen den Bau neuer Reaktoren, so insbesondere Polen und Ungarn

Die Regellaufzeiten der Reaktoren liegen weltweit je nach Modernisierungsgrad zwischen 40 und 60 Jahren.

III. Bedingungen und Szenario für das Handeln Angela Merkels

Kein Handeln findet im luftleeren Raum statt. Jedes Handeln ist situationsbedingt und situationsabhängig. Das gilt besonders für die Politik. Die gesellschaftlichen, kulturellen und geistigen Bedingungen und Entwicklungen schaffen die Grundlage zum Handeln, eröffnen Möglichkeiten und bestimmen gleichzeitig deren Grenzen. Ereignisse können Entwicklungen beschleunigen genauso wie bremsen. Treten Ereignisse unerwartet auf, fordern sie die Akteure umso mehr heraus. Der Druck verstärkt sich, je schwerwiegende das Ereignis ist oder als solches empfunden wird.

Die Energiewende ist ein Musterbeispiel. Die „grüne" Ideologie hatte den Boden bereitet, auf dem sich die Ablehnung der Atomenergie entwickelte. Sie avancierte nicht nur zum Kerninhalt einer politischen Partei, der GRÜNEN, sondern drang auch in die politischen Vorstellungen anderer Parteien ein, vornehmlich der SPD. Ihr Einfluss beschränkte sich nicht nur auf die Politik. Ihr Denken wirkte vielmehr weit in das geistig-kulturelle Establishment hinein, insbesondere in die Medien.

Das war das Szenario, als die drei Reaktoren in Fukushima am 11. März 2011 explodierten. Das waren

die Bedingungen und die Situation, die Angela Merkel
die Energiewende durchsetzen ließen.

1. Die Macht der „grünen" Ideologie

Der Ausstieg Deutschlands aus der Kernenergie ist der
Sieg der „grünen" Ideologie. In dieser Ideologie
manifestiert sich eine grundsätzliche Lebenseinstellung.
Hieraus, nicht etwa aus irgendwelchen Theoriegebäuden
erwuchs ihre Stärke. Ihre Durchsetzungskraft gewannen
diese Vorstellungen, indem ihre Anhänger sich zu einer
politischen Partei, den GRÜNEN, zusammenfanden und
diese zu einer bestimmenden Kraft formten.

Die „grünen" Vorstellungen haben ihren Ursprung in den
neuen sozialen Bewegungen der 60- und 70-Jahre des
vorigen Jahrhunderts. Die neuen sozialen Bewegungen
waren eine Reaktion auf die restaurativen Kräfte der
Adenauer Zeit, sie richteten sich gegen die negativen
Seite des rasanten Wiederaufbaus, gegen das unbedingte
Streben nach Wachstum. Sie wandten sich gegen die
industriellen Großprojekte, gegen die „Unwirtlichkeit der
Städte" (Alexander Mitscherlich), wie sie die „kalten"
technologischen Städtebauer überall aus dem Boden
gestampft hatten. 1972 warf der Club von Rom in seinem
Bericht über die Grenzen des Wachstums apokalyptische
Bilder über die Zukunft der Menschheit an die Wand.

Postmaterielle „alternative" Werte wuchsen für die vielfältigen Gruppierungen zu Leitbildern heran, hießen sie nun „Ökologie", „Nachhaltigkeit", „Lebensqualität", „Selbstverwirklichung". Gegen das Modell einer wachstumsorientierten Marktwirtschaft setzten sie anti-kapitalistische, Technik-kritische Thesen. Diese gipfelten in der Forderung nach einem umfassenden ökologischen Umbau der modernen industriellen Wirtschaft auf der Grundlage erneuerbarer Energien ohne Kernkraft.

Die vielfältigen Bürgerinitiativen trafen sich erstmals 1977 zu einer Bundeskonferenz. Am 13. Januar 1980 konstituierten sie sich in Karlsruhe als die GRÜNEN zur Bundespartei. In ihrem Parteiprogramm 1980 kennzeichneten sie sich als „ökologisch, sozial, basisdemokratisch und gewaltfrei". Bei der Bundestagswahl 1980 erreichten sie jedoch nur einen enttäuschenden Stimmanteil von 1,5 %. In der nächsten Bundestagswahl 1983 gelang ihnen dann mit 5,6 % der Sprung in den Bundestag. In den folgenden Jahren eroberten sich die GRÜNEN einen festen Platz im Parteiengefüge der Bundesrepublik. Ihre Stimmanteile bei Bundestagswahlen liegen seit 2002 zwischen 8,1 % und 8,6 %, 2009 gar bei 10,7 %.

Der Aufstieg der GRÜNEN als Partei war mit heftigen inneren Kämpfen verbunden, kam es doch darauf an, aus den so vielen verschiedenen Meinungsströmen und Gruppierungen eine stabile Partei zu schmieden. Diese reichten von bürgerlich-ökologischen Gruppen bis hin zu den neo-marxistischen Neuen Linken. Die Erfolge in den Landtags- und Bundestagswahlen, die Beteiligung an Regierungskoalitionen, zuerst in Hessen 1985 mit der SPD, forderten Antworten auf konkrete politische Fragen. In diesem Prozess machten die GRÜNEN Frieden mit ihrem Staat, insbesondere dessen demokratischen Institutionen. Pragmatismus hielt Einzug.

Ein vorläufiges Ende fanden diese inhaltlichen Auseinandersetzungen im Grundsatzprogram von 2002. „Die Zukunft ist grün", überschrieben die Parteimitglieder ihr noch heute geltendes neues Grundsatzprogramm. Die Partei verabschiedete sich von ihrem früheren, schon länger überholten Bild einer Anti-Parteien-Partei. Sie sieht jetzt ihre Stellung als *die* Reformpartei innerhalb des bestehenden politischen Systems. Das Band, das die GRÜNEN zusammenhält und formt, sind die Grundwerte „Ökologie, Selbstbestimmung, erweiterte Gerechtigkeit und lebendige Demokratie". Daneben treten gleichberechtigt „Gewaltfreiheit und Menschenrechte".

Der Grundtenor der grünen Bewegung ist geblieben. Er hat sich sogar zum Teil verschärft. Die GRÜNEN sehen in der wachstumsorientierten freien Marktwirtschaft die größte Gefahr. Diese zerstöre das Klima und die Umwelt, sie schaffe untragbare Ungleichheiten in der Gesellschaft.

Dagegen setzen die GRÜNEN das umfassende Prinzip der Nachhaltigkeit. Es steht im Zentrum der politischen Vorstellungen der GRÜNEN. Die Bewahrung der natürlichen Lebensgrundlagen ist das Ziel. Für die Energieversorgung heißt das, sie muss vollständig auf erneuerbare Energie umgestellt werden. Die „Marktwirtschaft" – den Begriff verwenden die GRÜNEN noch – ist ökologisch und sozial grundlegend umzubauen.

Klimagefährdung, Umweltzerstörung, Verbrauch der natürlichen Ressourcen, Wirtschaftswachstum alles das sind Probleme, die heute vielfältig politisches Handeln und Denken bestimmen. Sie sind Allgemeingut politischer und gesellschaftlicher Diskussion und Programmatik geworden. Die GRÜNEN nehmen für sich in Anspruch, als erste, am nachdrücklichsten und am konsequentesten diese Probleme aufgegriffen und zu politischen Kernforderungen erhoben zu haben.

Für die GRÜNEN handelt es sich aber nicht allein um Fragen politischer Zweckmäßigkeit und Machbarkeit. Die zugrunde liegenden Werte sind für sie bestimmend. Sie sehen die Bedrohungen als derartig schwerwiegend an, dass sie insbesondere die Frage des Atomausstiegs über die politische Ebene hinaus auf die Ebene der ethischen Entscheidungen hoben. Sie setzten damit nicht nur das Ziel, sondern auch die Zielerreichung absolut.

Moralische Gewissheit gebiert rücksichtslose Rigorosität in der Durchführung.

Diese „Ideologisierung" des Atomausstiegs hat die Gestaltung der Energiewende maßgeblich geformt.

2. Der jahrzehntelange politische Kampf um die Atomenergie

Am Anfang stand die „Atom-Euphorie". In den fünfziger Jahren des vorigen Jahrhunderts wurde die zivile Atomenergie als Quelle unerschöpflicher Energie wie als Retterin aus der Armutsfalle gefeiert. Die Politik stimmte voll in das Lob ein. Die SPD glaubte auf ihrem Münchner Parteitag im Juli 1956 in der zivilen Nutzung der Kernenergie den „Beginn eines neuen Zeitalters für die Menschheit" zu erkennen (Atomplan der SPD). Forschung und Bau der Reaktoren wurden staatlich massiv gefördert. Insgesamt errichteten die großen Energieversorger in Deutschland 37 Kernkraftwerke, beginnend mit den AK Rheinsberg (Baubeginn 1960, in Betrieb genommen 1966), endend mit dem AK Neckarwestheim 2 (Baubeginn 1982, in Betrieb genommen 1989). Heute arbeiten noch 8 Atomkraftwerke in Deutschland.

In Bürgerbewegungen, dann organisiert in den GRÜNEN, fand die Atomenergie ihren entschiedensten und größten Gegner. In den Atommeilern sahen diese

Bewegungen die Verkörperung all dessen, was sie ablehnten, nämlich „die moderne hoch komplexe Industriewelt mit ihrer technokratischen Effizienz, ihrem ungezügelten Wachstumstreben, ihrer ausschließlichen Gewinnorientierung". Für sie war die Atomenergie mit nicht beherrschbaren Risiken belastet. Die Gefahr einer Kernschmelze, eines GAU, mit unvorstellbaren Zerstörungspotential blieb immanent, die Endlagerung der abgebrannten, aber noch hoch radioaktiven Brennstäbe war nicht gelöst.

Gerade diese Gefahren, die die GRÜNEN mit apokalyptischen Bildern beschworen, erreichten die Menschen. Die Kraft der sich entwickelnden Anti-Atomkraftbewegung manifestierte sich erstmals in der Besetzung des Bauplatzes des Atomkraftwerks Wyhl 1975. Es folgten die Großdemonstrationen gegen die Atomkraftwerke Brokdorf 1976/77 und Grohnde 1977 sowie 1980 gegen das geplante Atomendlager in Gorleben. 1985/86 wurde das Baugelände für die geplante Wiederaufbereitungsanlage in Wackersdorf Schauplatz gewalttätiger Auseinandersetzungen. Die Industrie verzichtete auf die Wiederaufbereitungsanlage und bediente sich stattdessen der entsprechenden Anlagen in La Hague (Frankreich) und Sellafield (England).

In den 90-iger Jahren ebbten die Demonstrationen ab. Weitere Kernkraftwerke wurden nicht mehr gebaut.

Einzig in Gorleben „passierte" noch etwas. Für den Salzstock in Gorleben als möglichen Standort für ein Endlager hatte sich 1977 die rot-gelbe Bundesregierung unter Helmut Schmidt entschieden. Hier wurden noch weitreichende Untersuchungen durchgeführt, Schächte in die Erde getrieben, bis ab 2000 die Arbeiten praktisch weitgehend ruhten.

Es blieben die Castor Transporte. 1982/83 war in Gorleben ein Zwischenlager für den hoch radioaktiven Abfall (nach Wiederaufbereitung) und für abgebrannte hoch radioaktive Brennstäbe (ohne Wiederaufbereitung) aus den deutschen Kernkraftwerken errichtet worden. Mit den Castor Transporten wurde der in La Hague aus der Wiederaufbereitung gewonnene hoch radioaktive Abfall nach Deutschland zurückgeliefert. Diese Castor Transporte in das Zwischenlager Gorleben avancierten zum Hauptziel von jahrelangen, oft gewalttätigen Protesten. Der letzte dieser Transporte erreichte Gorleben in 2011.

„Gorleben" machten die Atomgegner erfolgreich zu einem Fanal für ihren Kampf. Es war ein künstliches, aber enorm wirkungsvolles Phantom. Nach Verbrauch der Brennstäbe muss der verbliebene hoch radioaktive Restbestand endgelagert werden. Deutschland muss daher ein Endlager errichten. Solange dies Endlager nicht existiert, ist der radioaktive Restbestand zwischenzulagern. Für diese beiden eindeutigen

Verpflichtungen Deutschlands stand Gorleben: als ein einsatzfähiges Zwischenlager wie als potentieller Ort für ein Endlager.

Die Atomkraftgegner auch in den politischen Parteien verweigerten sich offensichtlich aus politischem Opportunismus dieser Erkenntnis. Statt die Bevölkerung über die Notwendigkeit der Castor Transporte aufzuklären, nutzten sie vielmehr die vehementen örtlichen Widerstände aus, um weiter gegen die Nutzung der Atomkraft zu demonstrieren, um die es hier ja überhaupt nicht mehr ging. Dabei nahmen sie in Kauf, gewaltbereiten anarchischen Gruppen eine öffentlich wirksame Bühne für ihre Angriffe zu öffnen. „Gorleben" gewann den Charakter eines ideologisch unterfütterten demagogischen, oft blutigen Schaukampfes. Nicht Vernunft und politische Verantwortung, sondern Demagogie beherrschte die Auseinandersetzung um Gorleben.

Mit „Gorleben" wurde die Atomenergie weiter dämonisiert.

Als entscheidend für den Kampf gegen die Kernenergie entwickelte sich die Haltung der SPD. Die SPD wandelte sich vom jahrelangen anfangs begeisterten Befürworter der Kernkraft zu dessen entschiedenem Gegner. Insbesondere die Reaktorkatastrophe von Tschernobyl am 26. April 1986 hatte die Kritiker in den Reihen der

SPD gestärkt. Am 28. August 1986 beschloss die SPD auf ihrem Nürnberger Parteitag den Ausstieg aus der Atomenergie in zehn Jahren. Diese Kehrtwende vollzog sich im Zuge der Neuorientierung der SPD nach Ende der rot-gelben Koalition 1982. Die Ideen der Ökologie-, Friedens- und Umweltbewegungen hatten gerade die sozialdemokratische Jugend gepackt - weg von dem nüchternen, dem Realismus verpflichteten Denken eines Helmut Schmidt. Unter den wohlwollenden Blicken von Willy Brandt gewannen sie in der SPD die Oberhand.

Mit ihrer neuen Gegnerschaft zur Atomenergie beseitigte die SPD den größten Hinderungsgrund für eine Koalition mit den GRÜNEN auf Bundesebene. Nach der Niederlage Helmut Kohls in der Bundestagswahl 1998 konnten Gerhard Schröder und Joschka Fischer die erstrebte rot-grüne Koalition im Bund schmieden. Der Atomausstieg wurde vereinbart.

Am 14. Dezember 2001 verabschiedete der Bundestag die „geordnete Beendigung der Kernenergieerzeugung" gegen die Stimmen von CDU/CSU und FDP. Vorausgegangen waren intensive Verhandlungen mit der Energieindustrie. Schröder wollte auf jeden Fall ein Einvernehmen mit der Industrie über den Atomausstieg erreichen. Die Industrie beugte sich dem politischen Druck. Das Ergebnis der Verhandlungen wurde in der Vereinbarung vom 14. Juni 2001 zwischen den führenden Energieversorgern und der Regierung niedergelegt.

Hiernach wurde die Regellaufzeit der Atommeiler auf 32 Jahre festgeschrieben, ohne dass für jedes Atomkraftwerk ein genaues Abschaltdatum fixiert wurde. Das bedeutete, dass der letzte Atommeiler in 2021 vom Netz genommen werden musste. Der Neubau neuer Atomanlagen wurde verboten. Die Entsorgung bestrahlter Brennelemente wurde auf die direkte Endlagerung beschränkt. Eine Wiederaufarbeitung entfiel ab 1.Juli 2005.

Nach den damaligen Vorstellungen sollten in erster Linie Kohlekraftwerke die durch Abschaltung der Atomkraftanlagen entstehende Lücke in der Versorgung schließen.

Bei dieser Rechtslage verblieb es bei der Fortsetzung der rot-grünen Koalition 2002-2005 wie bei der folgenden großen Koalition 2005-2009 unter Angela Merkel.

Damit war der Kampf um die Kernenergie jedoch nicht beendet. CDU/CSU und FDP hatten gegen das Ausstiegsgesetz von Rot-Grün gestimmt. Ihre Gegnerschaft behielten sie in den weiteren politischen Auseinandersetzungen bei. Als CDU/CSU und FDP bei der Bundestagswahl 2009 die Mehrheit errangen, verständigten sie sich in ihrer Koalitionsvereinbarung auf eine Verlängerung der Regellaufzeit von 40 Jahren.

Gegen heftigen Widerstand der Opposition verabschiedete der Bundestag am 28. Oktober 2010 die entsprechenden Änderungen des Atomgesetzes.

Die schwarz-gelbe Koalition kehrte aber damit nicht zu der früheren Rechtslage zurück. CDU/CSU und FDP hatten sich schon von der früheren Bejahung der Atomenergie verabschiedet und diese zu einer Brückentechnologie erklärt. So beschränkte sich die Änderung des Atomgesetzes auf die Verlängerung der Laufzeit um 8 Jahre für die vor 1980 gebauten Anlagen und um 14 Jahre für die jüngeren Anlagen. Das bedeutete eine durchschnittliche Regellaufzeit von 40 Jahren statt bisher von 32 Jahren. Das Verbot neuer Anlagen blieb bestehen.

SPD und GRÜNEN hatten heftigsten Widerstand geleistet, obwohl „nur" die Laufzeiten auf ein international als normal anerkanntes Maß verlängert wurden. Doch Sachlichkeit war nicht gefragt. Ideologie und politischer Machtkampf beherrschten das Feld.

Am 11. März 2011 ereignete sich die Katastrophe von Fukushima. Angela Merkel rief die Energiewende aus. Am 30. Juni 2011 beschloss derselbe Bundestag mit überwältigender Mehrheit den Ausstieg aus der Kernenergie innerhalb von 10 Jahren mit dem Ziel, diese durch erneuerbare Energien zu ersetzen.

3. Die Medien und die Fukushima Katastrophe

Die Medienberichterstattung über die Fukushima Katastrophe hat die Einstellung der Deutschen stark beeinflusst, wie sie gleichzeitig Ausdruck der Stimmung in der Bevölkerung gewesen ist. In ihrer wachsenden Kritik sollten sich beide Faktoren im Ablauf der Katastrophe gegenseitig hoch schaukeln.

Eingehend untersucht haben die Medienberichterstattung nach Fukushima Wolling/Arlt 2014 im Rahmen einer gründlichen medienwissenschaftlichen Untersuchung der Technischen Universität Ilmenau (insbesondere S. 125ff und S. 269ff). Die folgenden Ausführungen fußen wesentlich auf diesen Untersuchungen.

Die Medien wie die Politik pflegten bis hin zu den 60er-Jahren des vorigen Jahrhunderts eine positive Sicht der Kernenergie. Mit Aufkommen der „grünen" Bewegungen in den 70er-Jahren und dem damit verbundenen Stimmungswandel schwenkten die Medien in immer größerer Zahl auf eine negative Beurteilung um. Sie berichteten intensiver. Die oft gewalttätigen Demonstrationen in den 70er-Jahren, sei es in Wyhl, Grohnde oder Brokdorf boten Stoff genug, die Kraft der Atomgegner wie auf der anderen Seite den „repressiven" Einsatz der Polizei den erschrockenen Zeitgenossen vor Augen zu führen. Die Reaktorunfälle in Harrisburg 1979 (USA) und Tschernobyl 1986 (Ukraine) waren Wasser auf die Mühlen der Atomgegner. Der Dämonisierung der Castor Transporte folgten die Medien zu gern.

Die Reaktorkatastrohe von Fukushima am 11. März 2011 nahm vom ersten Tag an eine zentrale Stelle in der Berichterstattung in Deutschland ein. Alle Medien, insbesondere das Fernsehen, berichteten intensiv. Standen zuerst die Geschehnisse vor Ort im Zentrum, verlagerte sich schnell das Gewicht auf die grundsätzliche Frage der Kernenergie. Fukushima war 9000 km von Deutschland entfernt. Irgendwelche direkte Auswirkungen der Katastrophe auf Deutschland waren ausgeschlossen. Der Unfall war eine Folge eines Tsunami, der wiederum verursacht war durch ein Seebeben außergewöhnlicher Stärke. Solche Ereignisse schieden für Deutschland aus. Negative Schlussfolgerungen für die Sicherheit der deutschen Atomkraftwerke ließen sich daher aus dem so entfernten Reaktorunglück nicht ziehen.

Trotzdem, immer stärker wurde der Chor in den Medien, der einen möglichst schnellen Ausstieg aus der Kernenergie forderte. Hatte schon vor Fukushima der weit überwiegende Teil der Journalisten auf der Seite der Atomgegner gestanden, sahen diese offensichtlich in Fukushima *die* Gelegenheit, ihre Gegnerschaft ein Höchstmaß an Öffentlichkeitswirksamkeit zu verschaffen. Die Explosionen und Rauchschwaden über den Atommeilern von Fukushima assoziierten sich ja so leicht mit den historischen Atompilzen von Hiroshima und Nagasaki mit ihren über zweihunderttausend Toten im Gefolge. Die Geschehensabläufe in Fukushima sowie deren Ursachen und Folgen traten in der Diskussion immer mehr in den Hintergrund. Die Akzeptanz der Atomenergie rückte immer mehr in den Vordergrund, um die Diskussion letztendlich zu beherrschen mit der klaren Ansage: Ausstieg aus der Kernenergie.

Eine wesentliche Rolle spielten hierbei die Äußerungen von Seiten der Politik. Die Medien räumen in ihrer Berichterstattung den Auffassungen der Politiker einen erheblichen Raum. Hatten sich aus dem Regierungslager noch ein Jahr zuvor nur 4 % der Aussagen gegen eine Laufzeitverlängerung ausgesprochen, hatten sich mit dem abrupten Meinungswandel von Angel Merkel auch die Meinungsäußerungen aus dem Regierungslager umgekehrt. Jetzt sprachen sich überraschend 75 % für den Atomausstieg aus. Damit bestand jetzt zusammen mit der Opposition eine weitgehend einheitliche Meinungsfront auf Seiten der Politik für einen Atomausstieg. Diese im Zusammenspiel mit den Medien formte wesentlich das Meinungsbild der Menschen in den ersten Wochen nach „Fukushima".

Wie politisierend sich der deutsche Journalismus hier in seiner Mehrheit verhielt, zeigt ein Vergleich mit den Berichterstattungen in Frankreich und England (Wolling/Arlt S.125 ff). Von der Ausgangslage sind beide Staaten mit Deutschland vergleichbar: hoch entwickelte Industriestaaten, eine große Zahl an Kernkraftwerken, gleiche räumliche Distanz zu Japan. Die Mehrheit der Medien sowohl in Frankreich wie in England nahmen die Ereignisse als das, was sie waren: Katastrophen, die weder wegen ihrer räumlichen Entfernung direkt Auswirkungen auf ihre Länder besaßen noch infolge deren spezifischen Ursachen eine Bedeutung für die Sicherheit der heimischen Atomanlagen beanspruchen konnten. In den Medien dieser Länder wurden daher sehr viel seltener Forderungen etwa auf einen Atomausstiegs laut. Die Frage eines Atomausstiegs war in diesen Ländern kein wichtiges Thema. Es spielte keine relevante Rolle. So beschäftigten sich die Medien in Frankreich und England auch in deutlich geringerem Umfang als in Deutschland mit den Geschehnissen in Fukushima.

Wie ist sind die so unterschiedlichen Reaktionen in Deutschland im Vergleich zu seinen Nachbarn zu erklären? Kepplinger (in Wolling/Arlt S. 149 f) erkennt einen Grund in den unterschiedlichen Berufsauffassungen. In Deutschland handelten die Journalisten wie Aktivisten für eine von ihnen als richtig angesehene Entscheidungsalternative. In Frankreich und insbesondere England sahen die Journalisten ihre Aufgabe in einer neutralen Berichterstattung. Dabei mag eine Rolle gespielt haben, dass nach Angaben von Güllner (S. 124 f) ein überdurchschnittlicher Teil der

deutschen Journalisten in seinem Denken „grün" geprägt
gewesen ist - 2005 36 % mit steigender Tendenz. Darin
dürfte sich die Tatsache widerspiegeln, dass gerade im
Bildungsbürgertum das Gedankengut der GRÜNEN in
hohem Maße hatte Fuß fassen können (Güllner S. 122 f).

In der Medienberichterstattung in Deutschland über
„Fukushima" dürfte sich im Übrigen eine Tendenz
widerspiegeln, wie sie allgemein für politische
Meinungsbildung in Deutschland zu beobachten ist. Es
ist dies eine Neigung zum Grundsätzlichen, zur Suche
nach Bestimmung durch Werte. Sollten aber politische
Entscheidungen nicht eher das Ergebnis nüchternen
Abwägens der Vor- und Nachteile, der Risiken und
Chancen sein?

IV. Das Handlungsmuster von Angela Merkel

1. Die Taktik

Um die Energiewende durchzusetzen, bedurfte es herausragender Taktik. Die einzelnen Stadien der Energiewende sind oben S. 12ff dargestellt. Hier gilt es, die zugrunde liegende Taktik von Angela Merkel aufzuzeigen.

Angela Merkel hatte anscheinend nur Stunden gebraucht, um sich für die Energiewende zu entscheiden. „Das war's" – so lauteten ihre Worte auf der Lagebesprechung am 12. März 2011 im Kanzleramt, gerade einen Tag nach der Katastrophe in Japan.

Angela Merkel war sich offensichtlich sofort bewusst, dass die Reaktorkatastrophe im fernen Japan in Deutschland hohe Wellen schlagen würde. GRÜNE und SPD hatten die Verlängerung der Laufzeiten erbittert bekämpft. Die „grüne" Ideologie mit ihrem so plakativen Schlachtruf „Kampf dem Atomtod" hatte weite Schichten der Bevölkerung erreicht. GRÜNE und die SPD wie die vielen Gegner der Kernkraft gerade auch in den Medien würden den Atomunfall nutzen, um wieder und noch aggressiver ein sofortiges Ende der Atomenergie zu fordern.

Angela Merkel entschied sich, die „grüne" Atompolitik zu akzeptieren. Wie war aber diese Energiewende politisch durchzusetzen? Gerade hatte die schwarz-gelbe Koalition unter ihrer Führung im Oktober letzten Jahres die Regellaufzeiten für Kernkraftwerke um 10 Jahre verlängert. Auch war die Ursache für die japanische Reaktorkatastrophe, ein außergewöhnlich starkes Seebeben, augenscheinlich in Deutschland undenkbar.

Die entscheidende Aufgabe von Angela Merkel war, die Anhänger der bisherigen Atompolitik für die von ihr angestrebte Energiewende zu gewinnen. Jahrzehnte hatten CDU/CSU wie FDP die Atompolitik von GRÜNEN und SPD bekämpft. In der Bundestagswahl 2009 hatten die Wähler in ihrer Mehrheit für CDU/CSU und die FDP mit dem Auftrag gestimmt, die Laufzeit der Atomreaktoren zu verlängern.

War es unmöglich, sofort die Energiewende als neue Politik der Regierungskoalition zu verkünden, war es umso notwendiger, auf die Akzeptanz der neuen politischen Linie konsequent hinzuarbeiten. Die Akzeptanz musste so gesteigert werden, dass die Energiewende am Ende den meisten annehmbar, wenn nicht gar folgerichtig erschien. Der Widerstand der bisherigen Atomkraftbefürworter war zu überwinden, die Widerstandskraft der „Unbelehrbaren" zu schwächen.

Um dieses Ziel zu erreichen, war es notwendig, die Schubkraft der aufbrandenden Schockwelle in der Öffentlichkeit höchst möglich zu stärken. Gleichzeitig mussten die anbrechenden Diskussionen von Anfang an in die gewünschten Bahnen gelenkt werden. Die Richtung war vorzugeben. Geschlossenheit der Partei war unbedingte Voraussetzung Außerdem war schnell zu handeln. Eine emotional geprägte Schockwelle würde irgendwann abebben. Es würden sich die Stimmen mehren, die fragten, ob und wenn ja welche höheren Risiken für Deutschland denn nun „Fukushima" wirklich aufgezeigt hätte. Der Zeitfaktor konnte über das Schicksal der angestrebten Energiewende entscheiden.

In nur wenigen Tagen nach dem 11. März 2011 hat Angela Merkel ihr taktisches Tableau fixiert. Zuvor hatte sie in offensichtlich kürzester Zeit die führenden Politiker ihrer Partei einschließlich CSU auf ihre Politik eingeschworen. Damit hatte sie eine geschlossene Front der Partei geschaffen, die in der Öffentlichkeit ihre Position vertrat. Prominente Abweichler gab es nicht.

Schon auf der Pressekonferenz am 14. März deutete Angela Merkel die Richtung ihrer Antwort auf „Fukushima" an:
eine umfassende Sicherheitsüberprüfung aller deutschen Kernkraftwerke und ein Moratorium.
Eine Sicherheitsüberprüfung war naheliegend, ein Moratorium schien es nicht.

Einen Tag später am 15. März ordneten die Bundesregierung und die Ministerpräsidenten der betroffenen Länder (alle CDU/CSU) das Moratorium an. Es war eine der wichtigsten Bausteine in der Taktik von Angela Merkel. Es beinhaltete, die sieben ältesten Kernkraftwerke für drei Monate vom Netz zu nehmen. Damit sollte Handlungsstärke demonstriert werden. Viel wichtiger war, das Moratorium suggerierte eine erhöhte Risikolage. Das konnte nur die Angst und das Gefühl der Bedrohung in der Bevölkerung stärken und die Diskussionen um Alternativen anheizen. Tatsächlich hatte das Reaktorunglück in Japan keine erhöhte Risikolage für die deutschen Atomreaktoren bedeutet.

Für die Taktik von Angela Merkel war weiter die zeitliche Fixierung des Moratoriums auf drei Monate essentiell. Es war nicht eine der üblichen Fristsetzungen, die erforderlichenfalls verlängert werden konnten. Die drei Monate wurden vielmehr zu dem Zeitraum bestimmt, in dem über eine Neubewertung der Sicherheit der Kernenergie und eine mögliche Änderung der Laufzeiten entschieden werden sollte. Die kurze Entscheidungsfrist suggerierte außerdem Sorge und damit Angst. Der Druck in der Öffentlichkeit wurde weiter erhöht.

Ein sachlicher Grund für eine derartige enge Handlungsfrist bestand nicht. Doch ruhiges gründliches

Abwägen mit allen Beteiligten, Abstimmen mit den europäischen Partnern waren nicht gewollt. Die angestrebte Energiewende möglichst schnell durchzusetzen, war das Ziel, solange die von „Fukushima" ausgelöste Schockwelle Öffentlichkeit und Bevölkerung noch im Griff hielt.

In ihrer Regierungserklärung am 17. März ließ Angela Merkel über ihre neue Sicht der Dinge keinen Zweifel mehr. Ihre Kernbotschaft war, nach „Fukushima" sei es nicht mehr möglich, die bisherige Sichtweise über die Sicherheit der Kernenergie aufrechtzuerhalten. Es verlangte nach einer Neubewertung der Risiken. Wohin eine solche Neubewertung führen könnte, auch darüber sprach sie „Klartext": zu einem schnelleren Atomausstieg.

Damit hatte sie ihre politische Linie offen gelegt. Jetzt musste sie die Neubewertung mit dem Ziel organisieren, eine überzeugende Begründung und Rechtfertigung für die Energiewende zu gewinnen, verbunden mit einem Fahrplan für die Durchführung der Energiewende. Das Instrument war die Ethik-Kommission.

Eigentlich ist es Aufgabe der Regierung, will sie ihre Politik ändern, neue Konzepte zu entwickeln, diese zu begründen, in der Öffentlichkeit zu vertreten und dem Parlament zur Beratung und Entscheidung vorzulegen. Hätte Angela Merkel nur zur Atompolitik der früheren rot-grünen Koalition zurückkehren wollen, hätte es im Übrigen genügt, die Beschlüsse vom 28. Oktober 2010 einfach aufzuheben und damit die bis dahin geltende Rechtslage wieder herzustellen.

Eine solche schlichte Revision der früheren Beschlüsse konnte Angela Merkel nicht genügen. Die Opposition hätte sich einer solchen Revision an sich nicht widersetzen können. Doch GRÜNEN und SPD hätte dies nicht ausgereicht. Deren Ziel war eine grundsätzliche Änderung der Energiepolitik auf der Basis der erneuerbaren Energien. Ein Konsens mit GRÜNEN und SPD erforderte daher mehr, nämlich eine umfassende Energiewende. Und dieser Konsens war das strategische Ziel von Angela Merkel.

Angela Merkel stand somit vor der Aufgabe, ihre Partei und deren Anhänger von der Kehrtwende in der Energiepolitik zu überzeugen. Es hieß ja, eine jahrzehntelang gehaltene Grundposition aufzugeben. Es bedurfte einer tiefergehenden übergreifenden Rechtfertigung für einen solchen Politikwechsel zu einer „grünen" Energiewende.

Hierfür schuf Angela Merkel die Ethik-Kommission, ein bis dahin in der deutschen Politik unbekanntes Wesen. Das Wort „Ethik" verlieh der Kommission einen höheren apolitischen Rang. Die Bedeutung der Kommission wertete Angela Merkel zusätzlich auf, indem sie für das künftige Regierungshandeln immer wieder auf die zu erwartenden Ergebnisse der Kommission verwies. „So etwas wie die Richtschnur" für die Regierung nannte sie bezeichnender Weise auch die Ergebnisse der Kommission bei deren Vorlage. Sie hob damit das zu erwartende Ergebnis der Kommission auf eine über den Parteien stehende Ebene, um es so unangreifbarer zu machen.

Am 22. März wurde die Ethik-Kommission eingesetzt. Am 30. Mai, nur neun Wochen später, legte die Ethik-Kommission ihren Bericht mit dem von Angela Merkel erwartetem, einstimmig gefasstem Ergebnis vor: Der Ausstieg aus der Kernenergie zugunsten der erneuerbaren Energien ist verantwortbar innerhalb von 10 Jahren durchführbar.

Mit der Einsetzung der Kommission war Angela Merkel ein Risiko eingegangen. Wohl kann man mit der Auswahl der Mitglieder das wahrscheinliche Ergebnis der Arbeit fast einer jeden Kommission voraussagen. Für Angela Merkel war entscheidend, ein einstimmiges Votum zu erhalten. Jede abweichende Stimme konnte die Geltungskraft des Votums in der Öffentlichkeit beeinträchtigen.

Angesichts der Komplexität und Unterschiedlichkeit der gestellten Aufgaben scheint aus den ersten Blick die Einstimmigkeit des Votums an ein Wunder zu grenzen.

In der Frage der grundsätzlichen Neubewertung der Risiken der Kernenergie lehnte ein Teil der Mitglieder die „kategoriale" Betrachtungsweise ab, hielt vielmehr eine Abwägung der Risiken und Chancen im Rahmen eines politischen Willensbildungsprozesses für notwendig. Konsequent hätten diese Mitglieder von sich aus eine Neubewertung nicht vornehmen dürfen. Dazu waren ja nach ihrer Auffassung nur politische Gremien befugt. Doch „im Kontext der heutigen Situation in Deutschland" erklärten sie eine Ersetzung der Kernenergie durch risikoärmere Methoden der Energieerzeugung für „nachvollziehbar" „begründbar". Mit der „heutigen Situation in Deutschland" bezogen sie sich offensichtlich auf das damalige aufgeheizte Meinungsklima in Deutschland.

Gleichermaßen problematisch musste eine Stellungnahme der Kommission zur Durchführbarkeit der Energiewende erscheinen. Hier ging es um schwierige Fragen wie der Versorgungssicherheit, der Wirtschaftlichkeit und Finanzierbarkeit, der sozialen Aspekte der Kostenverteilung und der Wettbewerbsfähigkeit. Für diese Fachfragen waren die Kommissionsmitglieder in ihrer Mehrheit nicht kompetent, handelte es sich doch überwiegend um Vertreter der Kirchen, der Philosophie, der Risikoforschung, der Soziologie und der Politikwissenschaft.

Sie waren auf die gutachterlichen Stellungnahmen angewiesen, die ihnen die zugezogenen Fachleute präsentierten. Sie konnten nachfragen, aber zu einer eigenen selbständigen Beurteilung waren sie in ihrer Mehrheit nicht in der Lage. Diesen Teil der Aufgabe hätten die Mitglieder daher von vornherein ablehnen müssen. Sie taten es nicht. Sie übernahmen von den angehörten Sachverständigen offensichtlich das, was ihren eigenen Vorstellungen entgegenkam. Sie erklärten den Atomausstieg innerhalb von 10 Jahren für verantwortbar durchführbar.

Sucht man nach einer Erklärung für das Verhalten der Kommissionsmitglieder, so liegt diese wohl in der damaligen spezifischen Situation in Deutschland. Die Bevölkerung war aufgewühlt. Die Politik war von gegensätzlichen Auffassungen geprägt. Die Bundesregierung hatte die Kommission eingesetzt, um in dieser spannungsreichen Situation eine Lösung zu finden. So dürften sich die einzelnen Kommissionsmitglieder in ihrer Aufgabe in gleicher Weise bedrängt wie berufen gefühlt haben. Dies dürfte den Konformitätsdruck noch erheblich verstärkt haben, der in solchen Kommissionen üblicher Weise zu herrschen pflegt. Bei der Grundauffassung zumindest der überwiegenden Mehrheit der Mitglieder konnte ein einheitliches Kommissionsvotum dann nur noch lauten: möglichst früher Atomausstieg.

Die Alternative wäre gewesen, die Stimmung sich beruhigen zu lassen. Objektiv hatte „Fukushima" die Risikosituation in Europa nicht erhöht. Es hätte genug Zeit bestanden, sowohl die Sicherheit der Kernenergie wieder zu bewerten wie die mit einem möglichst schnellen Atomausstieg verbundene Risiken genau einzuschätzen. Bei der zweiten Fragestellung ging es um die für Bevölkerung und Wirtschaft lebenswichtigen Fragen der Energiepreise und der Versorgungssicherheit. Hierfür hätten nationale wie internationale Experten aus Energietechnik und Energiewirtschaft, aus Volks- und Finanzwissenschaft als Mitglieder beteiligt werden müssen.

Doch kein Mitglied der Ethik-Kommission fand offensichtlich den Mut und die Kraft, sich für diese so nahe liegende Alternative zu entscheiden. Ein solches Votum hätte die Wirkung der Kommissionsaussagen in der Öffentlichkeit wie in der Politik beeinflusst, wahrscheinlich mit Auswirkungen auf die angestrebte Energiewende.

Die Kommission folgte den Intentionen von Angela Merkel. Sie kam einstimmig zu dem von Angela Merkel erwartetem Ergebnis. Angela Merkels Kalkül war voll aufgegangen

Mit dem Kommissionsentscheid hatte Angela Merkel die Rechtfertigung für ihre Energiewende erhalten. Die Führungen von CDU/CSU hatten von Anfang an ihre Politik unterstützt. Die Gliederungen der Partei, in erster Linie die Abgeordneten sollten jetzt auch folgen können. Von den anderen Parteien hatte nur die FDP anfangs eine zögerliche Haltung eingenommen. Auch sie schwenkte um. Nach den Landtagswahlen in Baden-Württemberg und Rheinland-Pfalz am 27. März 2011 forderte Guido Westerwelle, unterstützt von seinem damaligen Generalsekretär Christian Lindner, einen beschleunigten Ausstieg aus der Atomenergie. Sowohl in Württemberg-Baden wie Rheinland-Pfalz hatten die GRÜNEN sensationell gewonnen (24,2 % + 12,5 %-Punkte bzw. 15,4 % + 10,8 %-Punkte).

Angela Merkel hatte die von ihr angestrebte Energiewende dank glänzender wie genauso rücksichtsloser Taktik in kürzester Zeit durchgesetzt. Am 30. Juni 2011 beschloss der Bundestag mit überwältigender Mehrheit die Ausstiegsgesetze.

2. Die zugrunde liegenden Entscheidungsmotive

Fragt man nach den Motiven für das Handeln von Angela Merkel, ist man auf Vermutungen und Schlussfolgerungen angewiesen. Weder von ihr noch von den an den Entscheidungen Beteiligten sind relevante Äußerungen bekannt.

Es bieten sich drei Erklärungen an:

(1) Angela Merkel ist in ihrem Inneren eine Atomgegnerin gewesen. Allein aus Gründen der Parteiräson hatte sie die bisherige Atompolitik von CDU/CSU mitgetragen und die Laufzeitverlängerung vertreten.
(2) Angela Merkel fürchtete um die Wahlchancen ihrer Partei in der Zukunft. Bei der Bundestagswahl 2009 hatten CDU/CSU mit 33,8 % das schlechteste Ergebnis seit Bestehen der Bundesrepublik eingefahren, sieht man von dem fernen Jahr 1949 (31,0 %) ab.
(3) Angela Merkel wollte ihre Partei für spätere Koalitionen mit der SPD und den GRÜNEN öffnen.

Forscht man nach den Motiven für das Handeln von Angela Merkel, so erscheint ein Handlungsstrang genauso auffällig wie bedeutsam, die fast sofortige Entscheidung zur atompolitischen Kehrtwende nach der Explosion in Fukushima und der unbedingte Wille, diese Entscheidung durchzusetzen. Man könnte fast den Eindruck gewinnen, sie habe nur auf eine derartige Gelegenheit gewartet. Als die Gelegenheit eintrat, ergriff sie sie und tat alles, um sich diese einzigartige Gelegenheit nicht mehr entgleiten zulassen. Die Atomenergie als gleichrangige Energieart hatte sie schon länger aufgegeben, als sie die Atomenergie zur Brückentechnologie degradiert hatte. War für Angela

Merkel „Fukushima" die Gelegenheit, diesen Weg konsequent zu Ende zu gehen?

Das Außergewöhnliche der Handlungsweise von Angela Merkel wird einem besonders bewusst, wenn man die Alternative betrachtet, die sich nach der Explosion in Fukushima anbot.

Erregung wie Teilnahme über die Ereignisse in Japan waren in Deutschland groß. Ein bedeutender Teil der Medien wie SPD und GRÜNE schürten die Ängste. Die seit Jahren ideologisch unterfütterte Dämonisierung der Atomenergie hatte bei vielen die Empfänglichkeit für Thesen über die Unbeherrschbarkeit der Atomenergie erhöht. Emotionen beherrschten die Szene.

Was hätte für eine verantwortlich handelnde Regierung in dieser Situation nicht näher gelegen, als erst einmal die Bevölkerung zu beruhigen. Nüchterne Aufklärung über die tatsächliche Gefahrenlage war geboten. Eine wie auch immer geartete erhöhte Gefahrenlage war nicht erkennbar Irgendwelche Gefahren drohten Deutschland aus dem fernen Katastrophengebiet nicht. Die Ursache für die Katastrophe, ein Seebeben außergewöhnlicher Stärke, war für Deutschland undenkbar. Zeitdruck bestand nicht.

Eine solche Regierung hätte eigenverantwortlich die Konsequenzen aus „Fukushima" geprüft wie die Folgen und Risiken aus einer radikalen Umstellung auf erneuerbare Energien untersucht. Die Ergebnisse hätte sie Parlament und Öffentlichkeit vorgelegt. Nach eingehender Diskussion auf allen Ebenen hätte die Regierung ihr Handlungskonzept zur Entscheidung in die parlamentarischen Gremien eingebracht.

Angela Merkel hat das genaue Gegenteil getan.
Sie hat die Ängste geschürt, indem sie sofort
    eine Neubewertung der Kernenergie „von Grund auf"
forderte,
    eine Stilllegung der sieben älteren Kraftwerke für drei
Monate veranlasste (Moratorium),
    für die zu treffenden Entscheidungen eine Frist von
drei Monaten bestimmte.

Sie hat eine breite Debatte in der Öffentlichkeit und im Parlament verhindert, indem sie abgesehen von der kurzen Fristsetzung
    die Neubewertung und die Konzeption der zu
    treffenden Maßnahmen an die neu geschaffene
    Ethik-Kommission delegierte
    - konsequent nannte sie deren Ergebnisse „so etwas
      wie eine Richtschnur" für die Regierung - .

Zwei weitere Maßnahmen von Angela Merkel folgten dem gleichen Handlungsmuster:
(1) Angela Merkel erörterte nicht, geschweige denn stimmte ihre neue Politik mit den europäischen Partnern

und der EU ab. Sowohl Frankreich wie England vertraten auch nach „Fukushima" eine positive Haltung zur Atomenergie. Eine Diskussion mit Europa über ihre neue Atompolitik konnte daher nur zu unerwünschten Kontroversen führen.

(2) Angela Merkel ließ in ihrer Partei weder eine Mitgliederbefragung, geschweige denn gar ein Mitgliederentscheid über ihre neue Atompolitik zu.

Die Energiewende war für sie so wichtig, dass sie alles beiseiteschob, was ihr Ziel gefährden konnte. Weder die Grundsätze demokratisch-politischer Kultur und der innerparteilicher Demokratie, noch die Prinzipien der europäischen Zusammenarbeit galten ihr jetzt etwas.

Das führt zu der Frage zurück: Was hat Angela Merkel zu der von ihr als derartig entscheidend angesehenen atompolitischen Kehrtwende geführt? Dass Angela Merkel im Inneren immer schon eine Atomkraftgegnerin gewesen sein sollte, erscheint genauso unwahrscheinlich wie die Annahme, sie habe jemals zum Kreis der überzeugten Atomkraftbefürworter gehört. Auch „Fukushima" als Erweckungserlebnis sollte ausscheiden. Angela Merkel hat sich nie in diesem Sinn geäußert. Maßgebend dürfte vielmehr die Machtperspektive gewesen sei.

Im Bundestagswahlkampf 2009 hatten CDU/CSU unter ihrer Führung das schlechteste Ergebnis seit Bestehen der

Bundesrepublik erzielt (33,8 %), sieht man von 1949 ab. Dieses Ergebnis unterschritt noch das Wahlergebnis in 2005 (35,2 %). Der Kanzlerbonus hatte sich offensichtlich nicht ausgezahlt. Bis zum Sieg der rot-grünen Koalition 1998 hatten die Wahlergebnisse von CDU/CSU immer 40 % Grenze übersprungen. Als Parteivorsitzende musste es für Angela Merkel höchste Priorität besitzen, den Abwärtstrend von CDU/CSU zu stoppen. Die Partei würde sie daran messen.

Die Gewinner der Bundestagswahl 2009 waren die kleineren Parteien gewesen. Offensichtlich sprachen sie Themen an, für die sich die großen Parteien in den Augen der Wähler nicht oder nicht ausreichend einsetzten. „Moderne" Fragen wie die des Schutzes der natürlichen Lebensgrundlagen oder der Problematik unbeschränkten Wachstums hatten die Menschen erreicht. Die „grüne" Ideologie bewies ihre Macht. Angela Merkel fürchtete wohl, dass dieses Denken weiter an Einfluss gewinnen würde. Das würde nichts anderes bedeuten, als dass die bestimmende Stellung der CDU/CSU in der deutschen Politik gefährdet wäre und damit auch ihre persönlichen Chancen auf eine erneute Kanzlerschaft. Der Abwärtstrend von CDU/CSU war zu stoppen, neue Wählerschichten waren zu gewinnen!

Gleichzeitig verlangte die sich auffächernde Parteienlandschaft, die Koalitionsoptionen für CDU/CSU weiter zu öffnen. 2009 hatte nur der außergewöhnliche

Wahlerfolg der FDP (14,6 %) die Wiederaufnahme einer schwarz-gelben Regierungskoalition erlaubt. Durch ihre bisherige Atompolitik waren CDU/CSU an die FDP geschmiedet. Dass die FDP auch 2013 ihren großen Wahlerfolg wiederholen konnte, dagegen sprachen die Erfahrungen aus der Vergangenheit. Mit ihrer jetzigen Atompolitik war CU/CSU aber der Weg zur SPD oder zu den GRÜNEN verschlossen

Die unerwartete, verheerende Katastrophe von Fukushima mit ihren vorhersehbaren Auswirkungen auf Deutschland barg die Gefahr in sich, die Abwärtsspirale der CDU/CSU weiter zu beschleunigen. Sie schenkte CDU/CSU aber gleichzeitig die Möglichkeit, sich aus ihrer so gefährlichen Lage zu befreien. Eine Kehrtwende in der Atompolitik würde CDU/CSU den „modern" eingestellten Wählern öffnen, insbesondere den GRÜNEN ihr „Markenzeichen" entwinden und gleichzeitig ihrer Partei die Koalitionsoption zur SPD oder den GRÜNEN geben.

Angela Merkel erkannte offensichtlich sofort die wohl einmalige Chance, die „Fukushima" für die CDU/CSU bot. Die Aussicht auf die mit einer solchen politischen Neuausrichtung verbundenen Chancen dürfte auch erklären, warum sich die Spitzen von CDU/CSU augenscheinlich in wenigen Stunden von Angela Merkel überzeugen ließen. Angela Merkel ergriff die Gelegenheit. Sie wusste um die zu erwartenden inneren

Widerstände in ihrer Partei. Sie durfte mit ihrer Politik nicht scheitern. Die Stellung der CDU/CSU in Deutschland wäre geschwächt statt gestärkt, ihre Stellung an der Spitze von CDU/CSU unhaltbar geworden. Sie musste daher die Kehrtwende schnell, rigoros und rücksichtslos durchsetzen. Sie tat es auf glänzende Weise.

Auch die FDP schloss sich nach ersten innerparteilichen Widerständen der Energiewende an. Angela Merkel dürfte erheblichen Druck auf Guido Westerwelle ausgeübt haben. Eine opponierende FDP konnte wohl die von ihr angestrebte Energiewende nicht verhindern. Die FDP musste aber mit in das Boot geholt werden. Der FDP musste die Möglichkeit genommen werden, bei der nächsten Bundestagswahl etwa ein Sammelbecken für die Kritiker der Energiewende zu bilden.

Angela Merkel dürfte vor Augen gestanden haben, dass die FDP ihren überragenden Wahlsieg 2009 durch ihre knallharte Opposition zur damaligen schwarz-roten Regierungskoalition errungen hatte! Ein Veto der FDP zur Energiewende hätte aber den Bruch der schwarz-gelben Koalition bedeutet. Hierzu hatte Guido Westerwelle nicht die Kraft – mit der Strafe der verheerenden Wahlniederlage der FDP 2013.

Bei der Bundestagswahl 2013 gewann die CDU/CSU wieder über 40 % (41,5 %). Angela Merkel wurde in schwarz-roter Koalition zum dritten Mal zur Bundeskanzlerin gewählt.

Über die Energiewende hat Angela Merkel immer wieder erklärt: „Diese Entscheidung wird von der überwältigende Mehrheit der Deutschen unterstützt". Die Deutschen konnten zuletzt in der Bundestagswahl 2009 ihre Stimmen über die Atompolitik abgeben. Sie entschieden sich durch ihre mehrheitliche Wahl von CDU/CSU und FDP für eine Laufzeitverlängerung. Danach hatten die Deutschen keine Gelegenheit mehr, zur deutschen Atompolitik ihre Stimme abzugeben. Die Parteimitglieder wurden zur Energiewende nicht befragt. Forderungen nach entsprechenden Parteitagen fielen auf taube Ohren. Nach Verabschiedung der Energiewende fanden deren Gegner keine Partei mehr, in der sie sich mit ihrer Kritik vertreten sehen konnten. Der von Angela Merkel geschmiedete übergreifende Energiekonsens hatte seine gewünschte Wirkung getan.

V. Die harten Fakten der Energiewende

Die Energiewende hat zwei zentrale Fragen aufgeworfen:

Bleibt das Preisniveau für elektrische Energie auf einem Niveau, das die internationale Wettbewerbsfähigkeit der deutschen Wirtschaft weiterhin gewährleistet und die Stromkosten für die Verbraucher sozialverträglich hält?
Ist die Versorgungssicherheit weiterhin überall in Deutschland garantiert?

Die Ethik-Kommission hat diese Fragen eindeutig bejaht, wird die Energiewende nach ihren Vorschlägen durchgeführt.

Der Kern der Energiewende ist die Ersetzung von Kernenergie durch erneuerbare Energien. 2011 sind im Rahmen der Energiewende die älteren 7 Kernkraftwerke abgeschaltet worden. Nachdem in 2015 ein weiteres Kernkraftwerk abgeschaltet worden ist, werden nach dem Atomgesetz bis spätestens 2022 die restlichen 8 Kernkraftwerke vom Netz genommen.

11 Jahre sind zur Durchführung der Energiewende aufgerufen. Die Hälfte dieser Zeit ist abgelaufen. Der Ausbau der erneuerbaren Energien liegt über den Erwartungen. Der Ausbau der Stromnetze erfolgt dagegen nur schleppend. Ein Durchbruch, Elektrizität in größeren Mengen zu speichern, ist nicht in Sicht.

Hier sollen die Kernpunkte der Energiewende nach ihrem heutigen Stand aufgezeigt werden mit einem Blick auf 2022. Dazu ist es unabdingbar, sich mit den Zahlen auseinanderzusetzen, „den harten Fakten".

Die Energiewende ist „eine Operation am offenen Herz", eine sehr kostspielige dazu.

1. Entwicklung von installierter Leistung (höchst möglicher Leistung) und Stromproduktion (tatsächlich erbrachter Leistung)

Die Struktur einer Stromwirtschaft bestimmen Energieträger und Strombedarf. Bisher trugen Kernenergie und Braunkohle weitgehend im Dauerbetrieb die Grundlast. Grundlast ist diejenige Netzbelastung, die während eines 24-Stundentages nicht unterschritten wird. Die Grundlast beläuft sich auf ca. 60 % des Stroms im Netz. Der darüber hinaus gehende Bedarf wurde bisher durch die Mittellast- und Spitzenlastkraftwerke gedeckt, im Wesentlichen durch Steinkohle und Gas. Die schon bestehenden erneuerbaren Energien ergänzten die Versorgung. Hiernach war die Stromversorgung zu jeder Zeit in vollem Umfang gesichert.

Die Energiewende stellt die bisher bestehende Versorgungsstruktur auf den Kopf. Nach dem EEG haben die erneuerbaren Energien absoluten Vorrang. Die Rangfolge der einspeisenden Energieträger ist jetzt: erneuerbare Energien, also im wesentlichen Wind und Solar, Kernenergie, Braunkohle, Steinkohle, Gas.

Die folgende Tabelle lässt die dramatischen Veränderungen in der deutschen Stromwirtschaft deutlich erkennen. Gegenübergestellt sind für installierte Leistung wie Erzeugung die Jahre 2010 (vor Energiewende) und 2016 (heutiger Stand), außerdem die geplante installierte Leistung für 2022 (nach Abschaltung des letzten Kernkraftwerkes). Die Gesamt-Erzeugung bleibt etwa auf gleicher Höhe, da der Stromverbrauch stabil ist, eher sinkt.

Die installierte konventionelle Leistung verharrt bei ca. 80 GW. Dabei wird die installierte Leistung der immissionsärmeren Gaskraftwerke zulasten der immissionsreicheren Kohlekraftwerke ausgebaut. Die wegfallende Kernkraft wird durch Windkraft und Solarenergie als die Hauptträger der Energiewende ersetzt.

Das Kernproblem der Energiewende wird deutlich, wenn man installierte Leistung mit der jeweiligen Stromproduktion vergleicht. Die konventionelle Energie steht bei Abruf zur Verfügung, Wind- und Solarenergie nur dann, wenn die Wetterverhältnisse es erlauben. Diese sind in Deutschland und auf der Nordsee sehr wechselnd und lassen daher nur eine sehr viel geringere Kapazitätsausnutzung zu. Der Ausbau der Windparks off-shore in der Nordsee mit deren stetigeren Windverhältnissen wie modernere leistungsfähigere Anlagen und Schwachwindanlagen on-shore lassen erwarten, dass sich die Auslastungsgrade der Windenergie in Zukunft verbessern werden.

Diese Entwicklungen lässt die nachstehende Tabelle im Einzelnen erkennen.

	installierte Leistung (netto)			Produktion (netto)		Kapazität Ausnutzg.
	2010	2016	2022	2010	2016	2010-2016
	GW	GW	GW	TWh	TWh	%
Kernkraft	21,5	10,8	0,0	133,0	80,4	62 - 74
Braunk.	22,7	20,9	18,5	130,4	134,9	57 - 65
Steinkohle	30,2	28,4	25,1	99,7	99,4	33 - 35
Gas/Öl	23,8	32,4	36,5	63,1	46,3	26 - 14
Konventionell	76,7	81,7	80,1	293,2	280,6	38 - 34
Wind	27,1	49,6	60,5	37,6	77,9	14 - 16
Solar	17,9	40,9	54,0	11,7	37,5	8 -9
	45,0	90,5	114,5	49,3	115,4	11 -13
Biomasse	6,6	7,1	10,6	34,3	47,0	52 - 66
Wasser	5,4	5,6	4,7	21,0	19,1	39 - 34
	12,0	12,7	15,3	55,3	66,1	46 - 52
Erneuerb.	57,0	103,2	129,8	104,6	181,5	18 - 18
insgesamt	155,2	195,7	209,9	530,8	542,5	34 - 28

	2010	2016
	(Brutto - in Mrd. kWH)	
Stromnetto export	17,7	53,7
Stromverbrauch	614,7	594,7

Quellen: 2010,2016: energy charts Fraunhofer ISE
        2022:   Bundesnetzagentur Netzentwicklungsplan Leit-
                     Szenario B
        Kapazitätsausnutzung: rechnerisches Verhältnis Produktion
        - installierte Leistung
        Stromnettoexport, Stromverbrauch: Energiebilanzen AGEB

Blickt man auf 2022 nach Abschaltung der Kernenergie, erkennt man die vor Deutschland liegenden Herausforderungen. Für 2022 wird eine installierte Leistung an erneuerbarer Energie von 129,8 GW geplant. Geht man hierfür von einer verbesserten Kapazitätsauslastung von 20 % aus, errechnete sich eine Produktion von 260 TWh. Diese Produktionsmenge dürfte nach den Verhältnissen von 2016 ausreichen, die wegfallende Produktion aus der Kernenergie von 80,4 TWh zu ersetzen.

Abgesehen von den insgesamt zu produzierenden Strommengen liegt das sehr viel schwerwiegendere Problem in dem zeitlichen Auseinanderfallen von wetterbedingter Produktion und Bedarf. Wie unterschiedlich die verschiedenen Energieträger an einzelnen Tagen zur Stromversorgung beitragen, lässt beispielhaft die folgende Tabelle aus dem Januar 2017 erkennen.

	4.1.2017 13.00		22.1.2017 19.00	
Stromproduktion (ohne andere)	GW	%	GW	%
Wind	31,84	40,4	1,41	2,2
Solar	2,79	3,5	0,00	0,0
	34,63	43,9	1,41	2,2
Biomasse	6,32	8,0	6,32	9,9
Wasser	0,75	1,0	1,03	1,6
	7,07	9,0	7,35	11,5
Erneuerbar	41,70	52,9	8,76	13,7
Braunkohle	12,10	15,4	18,11	28,5
Steinkohle	12,98	16,5	21,40	33,6
Gas/Öl	6,17	7,8	7,72	12,1
Konventionell	31,25	39,7	47,23	74,2
Kernkraft	5,85	7,4	7,67	12,1
insgesamt	78,80	100,0	63,66	100,0

Quelle: energy charts Fraunhofer ISE

In diesem Beispielsfall trugen Wind und Solar an einem Tag fast zur Hälfte zur Stromerzeugung bei, an einem anderen Tag war deren Leistung gleich 0. Die Sicherheit der Versorgung ist aber nur dann gewährleistet, wenn zu jedem Zeitpunkt genügend Strom erzeugt wird.

Um die hierin liegenden Risiken abzudecken, sind jederzeit abrufbare Reservekapazitäten erforderlich.

Außerdem muss der Strombedarf in jedem Teil Deutschlands gewährleistet sein. Das verlangt ein Netz, das Produzenten und Verbraucher in ausreichendem Maß verbindet. Gleichzeitig ermöglicht ein großräumig ausgebautes Netz, z.B. jahreszeitlich- wie wetterbedingte Unterschiede in den erzeugten Strommengen ganz oder zum Teil überregional zu kompensieren.

Hier kommt der Netzausbau ins Spiel.

2. Netzausbau

Kern der Stromnetze sind die Übertragungsnetze. Sie verbinden die großen Stromerzeuger, also die Kraftwerke und jetzt die großen Windparks, unter einander sowie mit den Umspannwerken. Unterhalb der Übertragungsnetze finden sich die Verteilernetze, diese wiederum unterteilt nach Hoch-, Mittel- und Niederspannungsleitungen entsprechend den verschiedenen Beziehergruppen (z.B. Großabnehmer, Mittel- und Kleinindustrie, Endverbraucher).

Die Energiewende fordert den Netzausbau in zwei Richtungen heraus:

(1) Die Kraftwerke sind bisher in räumlicher Nähe zu den Bedarfszentren gebaut worden. Die Windkraft- und Solaranlagen müssen aber dort installiert werden, wo die entsprechenden Wetterverhältnisse herrschen. Hiernach liegen die Windkraftanlagen mit den höheren Kapazitätsauslastungen überwiegend im windreicheren Norden und Nordwesten Deutschlands, außerdem in immer größerem Umfang off-shore in der Nordsee. Um diesen Strom in die Industriezentren im Süden Deutschlands befördern zu können, insbesondere nach Abschaltung weiterer Atomkraftwerke, reichen die bestehenden Übertragungsleitungen bei weitem nicht aus. Schon jetzt kann an windreichen Tagen nur ein Teil des Stroms in den Süden abfließen. Er wird in die Nachbarländer exportiert, was zu einem ständig wachsenden Stromnettoexport geführt hat (s.o.S.65), Windkraftanlagen müssen zeitweilig abgeschaltet werden.

„Stromautobahnen" vom Norden nach dem Süden sind notwendig.

(2) Bisher kannte der Stromfluss nur eine Richtung: von den Kraftwerken über die Übertragungsnetze in die Verteilernetze zum Verbraucher. Insbesondere der Solarstrom wird in vielen Kleinanlagen räumlich sehr weit gestreut erzeugt. Er fließt in die Niederspannungsleitungen. Hier kehrt sich also für diese Energieart der Stromfluss um. Diese neue regionale

Erzeugerstruktur erfordert eine erheblichen Ausbau insbesondere der Niederspannungsnetze.

Das Frauenhofer ISI hat im Rahmen des Projekts ImpRES den Netzausbau und deren Kosten bis 2022 untersucht (Analyse vom 30. Juni 2014). Zugrunde liegen die Netzentwicklungspläne der Bundesnetzagentur. Hiernach sind im Bau oder werden geplant:

		km
On-shore	Neubau	3 800
	Neu- und Ausbau	4 400
	(in bestehenden Trassen)	
Off-shore	Neubau	2 190
Verteilernetz		94 000 – 129000

Die Investitionskosten werden in einer Größenordnung von 43 bis 59 Mrd.€ geschätzt.

Im Vordergrund stehen die „Stromautobahnen" von Norddeutschland nach Süddeutschland. Deren Ausbau liegt weit hinter den Planungen zurück. Massive Bürgerproteste verzögern Festlegung der Trassenverläufe, die Verfahren zur Genehmigung und den Bau. Soweit die Übertragungsleitungen nicht mehr als Überlandleitungen erstellt werden, sondern in die Erde verlegt werden, ist hierfür mit erheblichen Mehrkosten zu rechnen.

3. Netzmanagement

Bisher war das Netzmanagement praktisch problemlos. Die Erzeugung richtete sich nach dem Bedarf. Kernenergie und konventionelle Energieträger konnten jederzeit den jeweils nachgefragten Strom gesteuert produzieren.

Für die erneuerbaren Energien Wind und Solar fällt diese Symbiose weg. Wind- und Solarstrom fallen zeitlich und mengenmäßig an, wenn der Wind weht und die Sonne scheint. Daneben steht völlig unabhängig der Bedarf, den die Verbraucher mit ihren Anforderungen bestimmen. Erzeugung und Bedarf können sich hier nie decken. Den Ausgleich müssen die konventionellen Energieträger leisten.

Die Situationen werden umso kritischer, je weniger Wind und Solar im Augenblick Strom produzieren, der Bedarf dagegen hoch ist, oder umgekehrt Wind- und Solarstrom die Netze überfluten. Schon jetzt müssen die Netzbetreiber sehr viel öfter als früher eingreifen, um die Netze stabil zu halten (Eingriffshäufigkeit in Stunden: 2010: 1.588, 2014: 8.453, 2015: 15.811). Entsprechend sind die Redispatch-Kosten gestiegen (2010: 13 Mio.€, 2014: 185,4 Mio.€, 2015: 402,5 Mio.€)

Mit der Abschaltung der restlichen Kernkraftwerke 2022 werden sich diese Probleme potenzieren. Auch wenn weitere Maßnahmen der Energiewende in größerem Umfang etabliert sein sollten wie z.B. Smart Grids, virtuelle Kraftwerke, die entscheidenden Fragen bleiben: Sind auch extreme Situationen sicher beherrschbar?

4. Die Kosten

Die erneuerbaren Energien sind gegenwärtig und in absehbarer Zukunft nicht wettbewerbsfähig. Ihre Kosten liegen weit über denjenigen der Kernenergie und der konventionellen Energieträger.

Die erneuerbaren Energien müssen daher massiv subventioniert werden.

Das hierfür geschaffene Fördersystem ist im Grundsatz einfach:
(1) Die erneuerbaren Energien haben Vorrang vor der Einspeisung aller anderen Energien.
(2) Die Produzenten von erneuerbarer Energien erhalten ihre Erlöse garantiert.
(3) Die Subventionsbeträge tragen grundsätzlich alle Stromverbraucher und zwar in der Form der EEG-Umlage.

Das Einspeisungsmonopol zusammen mit den garantierten Vergütungen hat die Investitionen in erneuerbare Energien wirtschaftlich risikolos gemacht. Die Folge ist ein Boom im Ausbau der erneuerbaren

Energien ohne Rücksicht auf die höchst unterschiedlichen Kosten der jeweiligen Energieträger. Durch das Mittel der EEG-Umlage hat sich der Staat davor abgeschirmt, die Subventionierung der erneuerbaren Energien selbst zu tragen. Die Subventionen gehen unmittelbar zu Lasten der Verbraucher. Der Staatshaushalt bleibt unberührt. Die ständig steigende EEG-Umlage ist der wesentliche Treiber für die laufende Erhöhung der Strompreise.

Die Erlösgarantie wird den EEG-Erzeuger in der Form fester Einspeisungsvergütungen oder Marktprämien gewährt. Infolge des forcierten Ausbaus der erneuerbaren Energien nach 2010 sind die EEG-Auszahlungen sprunghaft angestiegen. In 2016 haben sie sich gegenüber 2010 um über 12 Mrd.€ auf 25,5 Mrd.€ fast verdoppelt. 2020 werden sie nach der Prognose weiter auf 29,6 Mrd.€ ansteigen.

Die Vergütungen kommen den einzelnen Energieträgern höchst unterschiedlich zugute, abhängig von deren jeweiligen Kosten. Die folgende Tabelle zeigt die EEG-Zahlungen an die verschiedenen Energieträger.

EEG-Auszahlungen und Differenzenkonten (in Mrd.€)

	2010		2016		2020(Prognose)	
	Mrd.€	%	Mrd.€	%	Mrd.€	%
Solar	5,1	38,6%	10,5	41,1%	11,0	37,2%
Biomasse	4,2	31,8%	6,7	26,3%	6,8	23,0%
Wind on-shore	3,3	25,0%	5,3	20,8%	7,2	24,3%
Wind off-shore	0,0	0,0%	2,4	9,4%	4,3	14,5%
übrige	0,6	4,6%	0,6	2,4%	0,3	1,0%
gesamt	13,2	100,0%	25,5	100,0%	29,6	100,0%
Differenzkonto	9,4		23,1			

Quelle: BDEW Erneuerbare Energien Zahlen, Fakten, Grafiken (2016) S. 51/52, 70

Vergleicht man die Anteile an den Auszahlungen mit denjenigen an den produzierten Mengen, erkennt man den unterschiedlichen Subventionsgrad. Während sich 2016 z.B. der Solar Anteil an der Stromerzeugung aus erneuerbaren Energien auf 21 % stellte, erhielt Solar 41 % der Subventionen. Bei der Windenergie ist es umgekehrt. Hier steht einem Erzeugungsanteil von 43 % ein Subventionsanteil von 30 % gegenüber.

Viel stärker als die EEG-Auszahlungen ist aber die EEG-Umlage angestiegen. Diese hat sich in 7 Jahren auf 6,88 ct/kWh mehr als verdreifacht!

EEG-Umlage (in ct/kWh)

2010	2017
ct	ct
2,05	6,88

In der EEG-Umlage haben die Verbraucher die Subventionierung der EEG-Erzeuger zu tragen. Die Höhe der EEG-Umlage bestimmt sich nach dem Differenzkonto. Das ist der durch Einnahmen nicht gedeckte Betrag der EEG-Auszahlungen.

Die wesentlichen Einnahmen sind die Erlöse aus der Vermarktung des EEG-Stroms an der Terminbörse. Diese Einnahmen haben sich ab 2010 infolge erheblichen Sinkens des Strompreises drastisch vermindert (2010 3,4 Mrd.€, 2016 1,5 Mrd.€ - s. im Einzelnen Fraunhofer ISE Kurzstudie Entwicklung der EEG-Umlage vom 21.5./14.7.2014 S. 4, 2016: BDEW Erneuerbare Energien Zahlen, Fakten S. 44). Dieser Preisverfall findet seine Ursache im Überangebot, ja zeitweisen Überfluten des Marktes mit EEG-Strom, eine Folge des bisher ungebremsten Ausbaus der erneuerbaren Energieträger.

Am stärksten wirkt sich der so genannte Ausgleichsmechanismus für stromintensive Industrien auf die Höhe der EEG Umlage aus. Um deren internationale Wettbewerbsfähigkeit zu sichern, werden sie von der EEG-Umlage weitgehend entlastet. Obwohl es sich hierbei eindeutig um eine Subvention für ganz bestimmte Unternehmen handelt, trägt die Entlastung nicht der Staat. Vielmehr haben diese Mindererlöse die übrigen Verbraucher durch eine höhere EEG-Umlage auszugleichen. 2014 hat diese Entlastung 5,1 Mrd.€ betragen und hat zu einer Erhöhung der EEG-Umlage um 1,35 ct/kWh geführt (Fraunhofer ISE Kurzstudie S. 7). Die EEG-Umlage für stromkostenintensive Unternehmen hat 2017 zwischen 0,05 – 1,38 ct/kWh gelegen bei einem Normalsatz von 6,88 ct/kWh (BDEW Strompreisanalyse 2017 S. 38).

Welche Bedeutung der EEG-Umlage für die Strompreise zukommt, zeigt die folgende Tabelle.

Entwicklung der durchschnittlichen Strompreise einschließlich EEG-Umlage (in ct/kWh)

	Haushalt			Industrie		
	2010	2017	Diff.	2010	2017	Diff.
Beschaffung, Netzentgelt, Vertrieb	14,02	13,11	-0,91	8,63	8,05	-0,58
EEG-Umlage	2,05	6,88	4,83	2,05	6,88	4,83
Steuern, Abgaben	7,62	9,17	1,55	1,39	2,19	0,80
gesamt	23,69	29,16	5,47	12,07	17,12	5,05

Quelle: BDEW Strompreisanalyse Januar 2017

Wie die Tabelle ausweist, ist im Wesentlichen die EEG-Umlage für den Anstieg der Strompreise verantwortlich. Die jährliche Stromkosten für einen Haushalt haben sich hierdurch im Durchschnitt von 829 € in 2010 auf 1021 € in 2017 (= 23 %) erhöht.

Der weitere Ausbau der erneuerbaren Energien wird den Subventionsbedarf und damit die EEG- Umlage weiter erhöhen. Gegenläufig wird sich auswirken, soweit der Ausbau besonders kostenintensiver Energieträger wie Solar eingeschränkt werden kann. Auch dürften leistungsstärkere modernere Anlagen insbesondere auf dem Gebiet der Windenergie kostenmindernd wirken.

Ein wesentlicher Kostenschub ist von dem Ausbau der Stromnetze zu erwarten. Wie dargestellt (S.70) erfordert der Netzausbau noch Investitionen in Milliardenhöhe. Diese Kosten werden in die Netzengelte und damit in die Strompreise eingehen. In der Zeit von 2010 bis 2017 ist der Netzanteil im Strompreis für Haushalte von 5,86 auf 7,48 ct/kWh angestiegen (= 28 %).

Werden die Kernkraftwerke 2022 vom Netz genommen, sind erhebliche Reservekapazitäten vorzuhalten, um bei extremen Wetterverhältnissen (keine Sonne, kein Wind) einen Zusammenbruch der Stromversorgung zu verhindern. Auch diese Kosten werden dem Verbraucher in seiner Stromrechnung präsentiert werden.

Zu den Kosten der Energiewende zählen nicht nur die Investitionen für den Aufbau der erneuerbaren Energieträger, der Ausweitung des Netzes wie die Aufwendungen für das sehr viel kompliziertere Versorgungsmanagement. Hierzu gehört auch die Kapitalvernichtung infolge der Energiewende. Die Kernkraftwerke müssen abgebaut und entsorgt werden. Infolge des absoluten Vorrangs der erneuerbaren Energie haben die konventionellen Energieträger ihre Produktion zu drosseln. Die Anlagen lassen sich zum Teil nicht mehr wirtschaftlich betreiben. Die Verluste der großen Energieunternehmen RWE und EON sprechen eine deutliche Sprache.

5. Fazit

Die erneuerbare Energie ist bisher gegenüber der Kern- und konventioneller Energie nicht konkurrenzfähig. Sie muss daher subventioniert werden. Diese Subvention geht als EEG-Umlage in den Strompreis ein. Ein weiterer Preistreiber sind die Netzengelte infolge des notwendigen Neu- und Ausbaus des Stromnetzes. Im Wesentlichen diese Faktoren haben von 2010 bis 2017 den Strompreis für Haushalte um 23%, den für die Industrie um 42% ansteigen lassen.

Der weitere Ausbau der erneuerbaren Energie wird die erforderlichen Subventionen und damit den Strompreis weiter erhöhen. In die gleiche Richtung wirkt der bisher zurückgebliebene Neu- und Ausbau des Stromnetzes mit der Folge weiter steigender Netzentgelte. Es sind daher für die Zukunft weitere erhebliche Preissteigerungen zu erwarten.

Der Strompreis für stromintensive Industrien gefährdet schon jetzt deren internationale Wettbewerbsfähigkeit. Sie (wie im Übrigen auch der Schienenverkehr) werden daher durch deutlich geringere EEG-Umlagen subventioniert – zulasten der übrigen Strombezieher. Ob der hohe Preis für Haushaltsstrom die Grenze der Sozialverträglichkeit überschritten hat, darüber kann man streiten. Die zu erwartenden weiteren Preissteigerungen dürften aber bald die Grenze des noch Zumutbaren erreichen.

Ob sich die Energiewende in einer ferneren Zukunft z.B. 2050 „rechnet", ist Spekulation. Viele Studien beschäftigen sich mit dieser Frage. Je nach grundsätzlicher Einstellung – Befürworter, Skeptiker - fallen die Ergebnisse höchst unterschiedlich aus. Die vielen Unwägbarkeiten verbieten jede seriöse Voraussage.

Ob die Energiewende die Versorgungssicherheit garantieren kann, entscheidet sich spätestens in dem Augenblick, in dem auch das letzte Kernkraftwerk abgeschaltet wird. Das Atomgesetz hat feste Termine bestimmt, bis zu denen spätestens die einzelnen

Kernkraftwerke abgeschaltet sein müssen, die letzten zum 31. Dezember 2022. Die bisherige Abschaltung von 8 Kernkraftwerken hat die Sicherheit der Versorgung augenscheinlich nicht beeinträchtigt. Die höheren Anforderungen an das Netzmanagement konnten offensichtlich gemeistert werden.

Die Anforderungen potenzieren sich, je stärker die Produktion von Wind- und Solarstrom steigt und je mehr Kernkraftwerke vom Netz gehen. Ein genaues Monitoring der Entwicklung bis 2022 muss zeigen, ob der dann tatsächlich erreichte Stand der Energiewende es verantworten lässt, die Kernkraftwerke vollständig vom Netz zu nehmen.

Ausgang ungewiss.

VI. Die Politikerin Angela Merkel

Die Energiewende zählt zu den größten Erfolgen der Kanzlerin Angela Merkel. Politische Erfolge werden Politikern in der Regel an ihre Fahnen geheftet, wenn sie ihre Vorstellungen gegen den politischen Gegner haben durchsetzen können. Prominente Beispiele sind die Westbindung der jungen Bundesrepublik durch Konrad Adenauer, die Ostpolitik Willy Brandts oder die Euro- und Wiedervereinigungspolitik Helmut Kohls.

Angela Merkels Energiewende hat das genaue Gegenteil zelebriert. Angela Merkel übernahm die Politik ihrer politischen Gegner und brach den Widerstand ihrer eigenen Partei wie des Koalitionspartners. Ihre große Leistung, mag man sie so nennen, liegt darin, dass sie mit der Energiewende eine jahrzehntelange sehr stark emotionalisierte Auseinandersetzung beendet hat.

Es gelang ihr, einen übergreifenden Konsens in Politik und Gesellschaft zu erzielen. Dieser Konsens hat sie in der Energiepolitik für die Zukunft praktisch unangreifbar gemacht, hatten doch alle damaligen Parteien diese Politik mitgetragen. Er ermöglichte auch bis heute bei allen Schwierigkeiten im Einzelnen, die Energiewende mit ihren tiefen Eingriffen in das Wirtschaftssystem und ihren großen Risiken ohne erhebliche Widerstände umzusetzen.

In der Durchsetzung der Energiewende zeigte Angela Merkel ihre herausragenden Eigenschaften als Politikerin: Erkennen und Ergreifen des Augenblicks wie Radikalität. Gleichzeitig ließ ihr Verhalten einen bemerkenswerten Mut zum persönlichen Risiko erkennen. Mag Angela Merkel in vielen Situationen zaudern, abwarten, erwägen, in existentiellen Situationen, sei es für Deutschland, sei es für ihre Partei, sei es für ihre persönliche Stellung handelt sie – im Augenblick, überlegt, konsequent, rücksichtslos.

Die Energiewende ist ein Musterbeispiel. Angela Merkel sah sofort, dass die Explosionswolken im fernen Fukushima die einzigartige Möglichkeit schufen, der Atomkraft in Deutschland endgültig ein Ende zu setzen, damit einen jahrelangen erbittert geführten politischen Kampf zu beenden, für ihre Partei neue Wählerschichten zu erschließen wie ein wesentliche Hindernis für künftige Regierungsmöglichkeiten aus dem Weg zu räumen.

Sie nutzte hierfür die emotionale wie mediale Welle, die „Fukushima" erzeugt hatte. Eine von ihr eigens geschaffene Ethik–Kommission gab den überparteilichen ethischen „Überbau", um die Energiewende zu rechtfertigen. Ehe sich nüchterne Überlegungen und Stimmen aus dem nahen Europa hätten Gehör verschaffen können, hatte Angela Merkel die Energiewende dank meisterlicher Taktik in knapp vier

Monaten schon durch die parlamentarischen Instanzen gepeitscht.

Die Energiewende bleibt „eine Operation am offenen Herzen" mit ungewissem Ausgang. Sie erfordert Milliarden an Subventionen und wird weitere Milliarden benötigen. Sie ersetzt ein einwandfrei arbeitendes Energiesystem und wendet hierfür Milliarden an Investitionen auf. Der alles entscheidende Test über die Versorgungssicherheit steht noch bevor. Alle führenden Industrienationen akzeptieren auch nach „Fukushima" die Risiken der Kernenergie als verantwortbar und bauen zum Teil neue Kernkraftwerke.

Die deutsche Entscheidung zur Energiewende stellt sich hiernach letztlich, wie es die Ethik-Kommission formuliert hat, als das Ergebnis einer „kategorialen" Beurteilung dar, die jede Nutzung der Kernenergie wegen deren immanenten Restrisikos ablehnt. Die langjährigen Befürworter und Kämpfer für den Atomausstieg haben in ihrer überwiegenden Zahl diese „kategoriale" Auffassung vertreten. Für Angela Merkel dürften dagegen die politischen Ziele maßgebend gewesen sein, Beendigung des langjährigen Streits um die Atomenergie und Erweiterung des innenpolitischen Handlungsspielraums von CDU/CSU.

Mit der Übernahme des Ergebnisses einer solchen „kategorialen" Beurteilung hat Angela Merkel aber gleichzeitig auch die Konsequenzen eines derartigen Denkens akzeptiert: Durchsetzung der Energiewende ohne große Rücksicht auf deren Folgen. Die „alternative Risikoabwägung", wie sie die Ethik-Kommission auch in den Raum gestellt hatte, schied konsequenter Weise aus, nämlich die Chancen und Risiken der Kernenergie mit denen der alternativen Erzeugungsarten abzuwägen. Die „kategoriale" Lösung konnte sich Angela Merkel umso eher leisten, als sich die schmerzhaften Folgen der Energiewende erst im Laufe der Entwicklung zeigen würden.

Stolz zeigte Angela Merkel, wenn sie z.B. in ihrer Regierungserklärung am 29. Januar 2014 sagte: „Es gibt kein weiteres vergleichbares Land auf dieser Welt, das eine solch radikale Veränderung seiner Energieversorgung anpackt"."Wenn diese Energiewende in einem Land gelingen kann, dann ist es Deutschland". Aufmerksame Beobachter besonders im Ausland mögen sich bei solchen Worten gefragt haben, ob hier nicht wieder jener Drang nach einem nationalen Sonderweg zu erkennen ist, wie ihn Deutschland in seiner Geschichte schon einige Male gesucht hat.

Angela Merkel hat die Energiewende mit meisterlicher Taktik und bemerkenswerter Radikalität wie klarer Strategie durchgesetzt. Ob die Energiewende eine Erfolgsgeschichte für Deutschland sein wird, muss die Zukunft erweisen.

Literaturauswahl

Beppler Erhard: Energiewende, München 2013

Faulenbach, Bernd: Geschichte der SPD, München 2012

Güllner Manfred: DIE GRÜNEN Höhenflug oder
Absturz, Freiburg 2012

Hennicke Peter / Welfens Paul J.J.: Energiewende nach
Fukushima, München 2012

Herbert, Ulrich: Geschichte Deutschlands im 20.
Jahrhundert, München 2014

Klein Markus / Jürgen W. Falter: Der lange Weg der
Grünen, München 2003

Köcher Renate: Atemberaubende Wende, Institut für
Demoskopie, Allensbach, Dokumentation des
Beitrags in der FAZ vom 20. April 2011

Marth Willy: Energiewende und Atomausstieg,
BoD 2015

Plickert Philipp (Hrsg.): MERKEL Eine kritische Bilanz,
München 2017

Walter Franz: Die SPD Vom Proletariat zur Neuen
Mitte, Berlin 2002

Wolfrum Edgar: ROT GRÜN an der Macht Deutschland
1998-2005, München 2013

Wolling Jens/ Arlt Dorothee: Fukushima und die Folgen
Medienberichterstattung, Öffentliche Meinung,
Politische Konsequenzen, Ilmenau 2014

Abkürzungsverzeichnis

AK	Atomkraftwerk
BDEW	Bundesverband der Energie- und Wasserwirtschaft
ct	Cent
EEG	Erneuerbare-Energien-Gesetz
Frauenhofer ISE	Frauenhofer-Institut für Solare Energiesysteme
Frauenhofer ISI	Frauenhofer-Institut für System- und Innovationsforschung
GW	Gigawatt
kWh	Kilowattstunde
RSK	Reaktorsicherheitskommission
TWh	Terrawattstunde